宋本周禮疏

(漢)鄭　玄　注
(唐)賈公彦　疏

第三册

國家圖
社

第三册目録

周禮疏卷第七

唐朝散大夫行大學博士弘文館學士臣賈公彥等撰

司書掌邦之六典八灋八則九職九正九事邦中之版土地之圖以周知入出百物以敘其財受其幣使入于職幣釋曰言掌邦之六典已下至周知入出百物已上所掌與司會同者以其司會主鉤考司書掌書記之司書所記司會鉤考之故二官所掌其事通焉九職即司會九功也九正即司會九賦九貢也九事即司會九式也邦中之版土地之圖即司會版圖也周知入出百物者即司會百物財用一也云以敘其財者敘謂比次其財知用多少云受其幣者百官所用餘財送來與

司書司書受其幣使入注九正謂九賦九貢正稅也九事
於職幣之官不入本府 謂九式變言之者重其職明本
而掌之非徒相副貳也敘猶比次也謂鉤考其財幣所給
及其餘見爲之簿書故書受爲授鄭司農云授當爲受謂
受財幣之簿書也玄謂亦受錄其餘幣而爲之簿書使之
入于職幣幣物當以時用之久藏將朽蠹 釋曰知九正
謂九賦九貢者案上司會有九賦九貢此司書則有九正
無九賦九貢故知九正則是九賦九貢也言九正者謂此
二者之財皆出於正稅故鄭云正稅也又云九事謂九式
者云九式據用財言之九事據用財所爲之事其理一也
云變言之者重其職謂變九賦九貢言九正變九式言九
事也重以其職明本而掌之非徒相副貳也其相副貳者
謂司會八法八則之貳是也云所給及其餘見爲之簿書
者司書周知入出百物以敘其財明知敘其財者所給諸
官餘不盡者即以餘見爲之簿書擬與司會鉤考之玄謂
亦受錄其餘幣而爲之簿書者此增成先鄭受謂受財幣

之簿書百官幣物當以時用之久藏將朽蠹者釋曰經百官餘幣不入於本府而入於職幣之意若入本府即是久藏將恐朽爛蠹敗故入職幣吏人占賣之中正生利也

凡上之用財用必考于司會注上謂王與冢宰王雖不會亦當知多少而關之司會以九式均節邦之財用　釋曰知上謂王與冢宰者案內府職云凡王及冢宰賜與則共之明此上中有冢宰可知云王雖不會亦當知多少而關之者案上膳夫庖人及外府幣皆言王及后不會此經上之用財必考於司會者此之所考但知多少而關之非是會計與王爲限云司會以九式均節邦之財用者欲見司書用財必考於司會之意

三歲則大計羣吏之治以知民之財器械之數以知田野夫家六畜之數以知山林川澤之數以逆羣吏之徵令釋曰言三歲者三年一閏天道小成考校羣吏須有黜陟故云

三歲則大計羣吏之治羣吏則百官也以知民之財用器械之數者民之財用謂幣帛多少器謂禮樂之器械謂兵器弓矢戈殳戟矛此等則器械之數皆知之以知田野謂百畝之田在野夫家者謂男夫婦女六畜者謂馬牛羊豕犬雞之數又云以知山林川澤之數者案大司徒地有十等不言丘陵墳衍原隰者略言之也又云以逆羣吏之徵令者逆謂鉤考也此司書知民之財器已下川澤已上注恐其羣吏濫徵斂萬民故知此本數乃鉤考其徵令也

域猶兵也逆受而鉤考之山林川澤童枯則不稅 釋曰山林川澤童枯則下稅者山林不茂爲童川澤無水爲枯稅者稅其有令山林不茂則無林木川澤無水則無魚鼈萑蒲葦故不稅之

凡稅斂掌事者受灋焉及事成則入要貳焉 釋曰言凡稅斂者謂若地官閭師旅師徵斂之官所徵稅斂掌事者皆來司書處受法焉及事成收斂畢入要謂寫一通副貳文書名爲要入司書故云

入要貳焉必來受法又入要貳者以司書知財器已下之數擬後鉤考之也 注 法猶數也應當稅者之數成猶畢也　釋曰云應當稅者之數者即上田野夫家之等是其本出稅者之數也

凡邦治攷焉 注 考其法於司書　釋曰邦之所治有善惡皆來考於司書者以司書大計羣吏之治知其功過故也

職內掌邦之賦入辨其財用之物而執其總以貳官府都鄙之財入之數以逆邦國之賦用　釋曰云掌邦之賦入者謂九職九貢九賦之稅入皆掌之獨云賦入者賦是揔名下言賦者皆此類也辨其財用之物凡所稅入者種類不同須分別之而執其總者總謂稅入多少總要簿書又云以貳官府都鄙之財入之數者官府財入謂若關市之稅都鄙之財入都鄙謂三等采地采地之稅四之一言貳者謂職內受取一通副貳文書

擬鉤考以逆邦之賦用之者職內既知 注 辨財用之物處

財入之數鉤考用賦多少知其得失 之使種類相從

總謂薄書之種別與大凡官府之有財入若關市之屬 釋

曰言辨財用之物使種類相從者但賦之所入先由職內

始至大府大府分致於衆府以是分別使衆類相從 云官

府之有財入若關市之屬者司關司市皆屬地官關市皆

有出稅故知官府之有財入若關市也 凡受財者受其

言之屬者兼有城十二門亦有稅入

貳令而書之 釋曰其有官府合用官物而受財者並副

寫一通勑令文書與職內然後職內依數

付之故云受 注 受財受於職內以給公用者貳令者謂若

其貳令書之 今御史所寫下本奏王所可者書之若言

某月某日某甲詔書出某物若干給某官某事 釋曰云

貳令謂若今御史所寫下本奏王所可者案御史職云掌

贊書彼注云王有令則以書致之則贊爲辭若今尚書作

詔文是其用官財者先奏白於王王許可則御史贊王爲

辭下職内是其貳令職内則書之爲本案然後給物與之若然職内主入職歲主出職内分置於衆府所以得有物出與入者職内雖分置衆府職内亦有府貨賄留之者故得出給故大府職云頒其賄於受用之府鄭注云受用之府若職内是也**及會以逆職歲與官府財用之出**釋曰言會者謂至歲終會計以逆職歲者逆謂鉤考也職歲主出職内主入以己之入財之數鉤考職歲出財之數又云與官府財用之出者謂職歲出財**注**亦參互鉤考之 釋曰鄭與官府所用之數並鉤考之 注云參互鉤考者案司會以參互考之成彼注云參互謂司書之要貳職内之入職歲之出以三官相鉤考此職内逆職歲明兼有司書之要貳故言參互言亦者亦如大府也**而叙其財以待邦之移用**注亦鉤考今藏中餘見爲之簿移用謂轉運給他 釋曰案司書云以叙其財鄭彼注云叙猶比次謂鉤考其財幣所給及其餘見

爲之簿書入職幣也此言叙財亦謂比次職內藏中餘見爲簿書以待邦之移用更給他官若然職內既非常府其所藏者唯當歲所用故用不盡者移用之也

職歲掌邦之賦出以貳官府都鄙之財出賜之數以待會計而攷之釋曰云掌邦之賦出者職內主入職歲主出職內所入於衆府所用之多少皆主之故云掌邦之賦出但九貢九賦九功之用皆主之特言賦者亦如職內云賦賦是揔稱也云以貳官府都鄙之財出賜之數者職內云以貳官府都鄙之財入之數此職歲以貳官府都鄙之財出賜之數二官一入一出皆書其貳共相鉤考故職內云注以逆邦之賦用此職歲云以待會計而考之其事通也

以貳者亦如職內書其貳令而編存之 釋曰云亦如職內書其貳令而編存之者職內云凡受財者受其貳令而

書之此官主出所出亦皆由上令所出前後不同 **凡官**
亦皆書其貳令編存爲案以待會計而考之也
府都鄙羣吏之出財用受式灋于職歲
注百官之公用式法多少職歲掌出之舊用事存焉 釋
曰官府都鄙出財用皆來受法者以其出財用皆爲有事
事有舊法用有常職歲出財皆有舊
法式在於職歲故須受法於職歲也 **凡上之賜予以**
敘與職幣授之 注敘受賜者之尊卑 釋曰上謂王
與冢宰所有小賜予之事則職幣所
云小用賜予是也故
云以敘與職幣授之 **及會以式灋贊逆會** 注助
司會
鉤考羣吏之計 釋曰案司會以逆羣吏之治而聽其會
計此官主式法出財用及至也至歲終會計之時則以式
法贊助司會鉤考會計之
事故云以式法贊逆會

職幣掌式灋以斂官府都鄙與凡用邦財者之幣釋曰職幣主餘幣給諸官之用亦依法式與之故云掌式法以斂官府已下之幣幣則餘幣也注幣謂給公用之餘凡用邦財者謂軍旅釋曰云幣謂給公用之餘者以其此官主斂餘幣故知幣謂給公用之餘知凡用邦財是軍旅者見經斂官府都鄙別言用邦財故知用邦財謂國之大事唯有軍旅振掌事者之餘財釋曰振者拼也檢也以財與之謂之拼知其足剩謂之檢掌事奉王命有所造為故職幣檢掌事者有餘則受取故云振掌事者之餘財注振猶拼也檢也掌事謂以王命有所作為先言斂幣後言振財互之釋曰知掌事謂以王命有所作為者以其上經官府已下是其國家常事此別言掌事是王命有所作為又云先言斂幣後言振財互之者凡用國家財物皆先振而後斂今於上文直言斂不言振亦振

之下言振財有餘亦斂之可知故言互之也

皆辨其物而奠其録以書楬之以詔上之小用賜予

注奠定也故書録爲禄杜子春云禄當爲録定其録籍鄭司農云楬之若今時爲書以著其幣 釋曰上經既斂得幣皆當辨其物知其色類及善惡而奠其録者謂定其所録簿書色別各入一府以書楬之者謂府別各爲一牌書知善惡價數多少謂之楬又云以詔上之小用賜予者詔猶告也職幣既知府内則告上之王與冢宰小用賜予之事此謂常賜予玉府所云凡王之好賜共其貨賄及内府云凡王冢宰之好賜此二者非常賜與外府及典絲枲三官言賜予者與此職幣同亦是國家常賜予

歲終則會其出凡邦之會事以式灋贊之

釋曰以其職幣主出故歲終與司會會之下贊之亦謂贊司會會之事也

司裘掌爲大裘以共王祀天之服釋曰言爲大裘者謂造作
黒羔裘裘言大者以其祭天地之服故以大言之非謂裘
體侈大則義同於大射也云以共王祀天之服者謂四時
所有祀天之事皆共之不限六天之大小直言祀天案孝
經緯鉤命決云祭地之禮與天同牲玉皆不同言同者唯
據衣服則知崐崘神州亦用大裘可知 注 鄭司農云大裘黒羔裘服以祀天示質 釋曰先鄭知大裘黒羔裘
者祭服皆玄上纁下明此裘亦羔裘之黒者故知大裘黒
羔裘又云服以祀天示質者以其袞已下皆有采章爲此
大裘更無采章故云質案鄭志大裘之
上又有玄衣與裘同色亦是無文采 中秋獻良裘

王乃行羽物 釋曰良善也仲秋所獻善裘者爲八月誓獮田所用故獻之王乃行羽物者行賜也
以羽鳥之物賜羣臣以應秋氣也 注 良善也中秋鳥獸毨毨因其良時而用之鄭司農云良裘王所服也行羽物

以羽物飛鳥賜羣吏玄謂良裘王藻所謂黼裘與此羽物小鳥鶉雀之屬鷹所擊者中秋鳩化爲鷹中春鷹化爲鳩順其始殺與其將止而大班羽物　釋曰云仲秋鳥獸毨毨者此是尚書堯典文案彼注毨理也毛更生整理引之者證仲秋有良裘意故鄭云因其良時而用之也司農云良裘王所服者先鄭意良裘王所服故仲秋獻之羣臣所服裘在下經季秋獻功裘是也後鄭不從之者月令云孟冬天子始裘此良裘若是王之所服裘何得在仲秋故後鄭不從玄謂良裘王藻所謂黼裘與者案彼文云唯君有黼裘以誓獮獮是仲秋田獵之名彼獮田用黼裘與此仲秋獻良裘同時皆不爲寒設故知此良裘則與彼黼裘一也但無正文約與之同故言與以疑之也言黼裘者白與黑謂之黼謂狐白與黑羔合爲黼文故謂之黼裘秋氣嚴猛取斷割之義故用黼謂之良裘者下經功裘之等臣所服見人功麤良裘與大裘皆君所服鍼功細密故得良裘之名又云此羽物小鳥鶉雀之屬鷹所擊者案夏官羅氏

仲春羅春鳥行羽物彼注云羽物若今南郡黃雀之屬彼黃雀即此雀之屬此鶉與雀亦是鷹所擊故連言鶉也云仲秋鳩化爲鷹仲春鷹化爲鳩者此並月令文引此者證此仲秋行羽物與月令仲秋鳩化爲鷹殺物之時是順其始殺也故行羽物又云仲春鷹化爲鳩者證羅氏仲春行羽物與月令仲春鷹化爲鳩止殺之時故云與其將止云班羽物者揔結春秋二時皆大班行羽物

季秋獻功裘以待頒賜

釋曰案詩云七月流火九月授衣此季秋則是九月授衣之節季秋獻功裘以待頒賜者功裘之內有羣臣所服之裘故言以待頒賜

注 功裘人功微麤謂狐青麛裘之屬鄭司農云功裘卿大夫所服

釋曰言功裘人功微麤者此對良裘與大裘人功微密此裘人功麤麤故名功裘又云謂狐青麛裘之屬者案玉藻君子狐青裘豹褎麛裘青豻褎彼云君子鄭云君子大夫士也以其彼云豹褎青豻褎褎用雜故爲大夫士若君則用純引此者證功裘中有此狐

青麛裘以待頒賜玉藻仍有羔裘狐裘亦是臣之所服裘
不引之者之屬中含之矣若然狐青裘者鄭玉藻注云蓋
玄衣之裘天子下士玄端之服皆服之又云麛裘者鄭彼
注引孔子素衣麛裘謂是君臣視朔之服彼云羔裘注引
孔子緇衣羔裘鄭注論語云君之視朝之服亦卿大夫士
祭於君之服若然卿大夫助祭用冕服士用爵弁君朝服
冕服羔裘卿大夫士弁冕用羔裘至於朝服亦用羔裘即
是君臣祭服朝服同服羔裘也又云狐裘者鄭注玉藻引
孔子黄衣狐裘謂是十月農功畢臘祭先祖之服據鄉來
所解四種之裘君臣同有以其經云以待頒賜唯據其臣
若據天子諸侯除大裘之外亦入此功裘之中案玉藻仍
有狐白裘據天子之朝大夫已上所服亦入此功裘之中
鄭司農云功裘卿大夫所服者先鄭之意以良裘王所服
故此功裘是卿大夫所服後鄭引之在下者經云以待頒
賜據臣而言司農云功裘卿大
夫所服得爲一義故引之在下　王大射則共虎侯

熊侯豹侯設其鵠諸侯則共熊侯豹侯卿大夫則共麋侯皆設其鵠

釋曰言王大射者王將祭祀選助祭之人故於西郊小學之中王與諸侯及羣臣等行大射之法故云王大射也則共虎侯熊侯豹侯者虎侯者謂以虎皮飾其側九十步之侯王自射之也熊侯者以熊皮飾其側七十步之侯諸侯射之也豹侯者謂以豹皮飾其側五十步之侯孤卿大夫已下射之也云設其鵠者其鵠還以虎熊豹皮爲之方制之三分其侯鵠居其一故云設其鵠也云諸侯則共熊侯豹侯者謂畿內諸侯三公王子母弟熊侯亦如王之熊侯諸侯自射之豹侯者亦如王之豹侯羣臣共射之也卿大夫者謂王朝卿大夫則共麋侯者亦五十步以麋皮飾其側君臣共射之云皆設其鵠者熊侯已下亦以熊豹麋之皮爲鵠三分其侯鵠居一焉故云設其鵠也

注大射者爲祭祀射王將有郊廟之事以射

擇諸侯及羣臣與邦國所貢之士可以與祭者射者可以
觀德行其容體比於禮其節比於樂而中多者得與於祭
焉其將祀其先祖亦與羣臣射以擇之凡大射各於其射
諸侯謂三公及王子弟封於畿內者卿大夫亦皆有采地
宮侯者其所射也以虎熊豹麋之皮飾其側又方制之以
爲臯謂之鵠著于侯中所謂皮侯王之大射虎侯王所自
射也熊侯諸侯所射豹侯卿大夫以下所射諸侯之大射
熊侯諸侯所自射豹侯羣臣所射卿大夫之大射麋侯君
臣共射焉凡此侯道虎九十弓熊七十弓豹麋五十弓列
國之諸侯大射大侯亦九十參七十干五十遠尊得伸可
同耳所射正謂之侯者天子中之則能服諸侯諸侯以下
中之則得爲諸侯鄭司農云鵠鵠毛也方十尺曰侯四尺
曰鵠二尺曰正四寸曰質玄謂侯中之大小取數於侯道
鄉射記曰弓二寸以爲侯中則九十弓者侯中廣丈八尺
七十弓者侯中廣丈四尺五十弓者侯中廣一丈尊卑異
等此數明矣考工記曰梓人爲侯廣與崇方參分其廣而

鵠居一焉然則侯中丈八尺者鵠方六尺侯中丈四尺者
鵠方四尺六寸大半寸侯中一丈者鵠方三尺三寸少半
寸謂之鵠者取名於鳱鵠鳱鵠小鳥而難中是以中之爲
儁亦取鵠之言較較者直也射所以直己志用虎熊豹麋
之皮示服猛討迷惑者射者大禮故取義衆也士不大射
士無臣祭無所擇故書諸侯則共熊侯虎侯杜子春云虎
當爲豹　釋曰知大射爲祭祀射者見禮記射義云天子
大射謂之射侯既云天子將祭必先習射故知大射是將
祭而射也云王將有郊廟之事者郊謂祭五天帝於四郊
不言圓丘祭昊天亦有可知廟謂祭先王先公皆是也云
以射擇諸侯至得與於祭皆禮記射義文案彼云天子以
射選諸侯卿大夫士即云是故古者天子之制諸侯歲獻
貢士於天子試之射宫其容體比於禮其節比於樂而中
多者得與於祭而中少者不得與於祭是其大射擇諸侯
羣臣貢士得與祭之事也云諸侯謂三公及王子弟封於
畿內者若六命賜官及建其長立其兩可得及卿此經卿

與大夫同麋侯明諸侯之內唯有三公王子弟也言封畿
內者此謂王子弟無官直得采地而已言封畿內者對魯
衛晉鄭之等封在外爲諸侯者也云卿大夫亦皆有采地
焉者案載師大都任畺地是此諸侯也又云小都任縣地
家邑任稍地是其卿大夫亦皆有采地焉云其將祀其先
祖亦與其羣臣射以擇之者諸侯亦與畿外諸侯同五廟
卿大夫亦三廟此經不云孤孤六命亦與卿同是其祀先
祖之事也云凡大射各於其射宮者謂從王已下至大夫
大射各自於其西郊之學射宮之中知然者案儀禮大射
云公入鶩自外而來入明王已下皆於郊學也云侯者其
所射也者以其雖有正鵠之別侯是揔名故云侯者所射
也云以虎熊豹麋之皮飾其側者侯中上下俱有布一幅
夾之所飾者唯有兩傍之側故云飾其側也云又方制之
以爲𩫏謂之鵠著于侯中者梓人爲侯廣與崇方故云方
制之質者正也所射之處故名爲質三分其侯鵠著於侯
中云所謂皮侯者所謂梓人張皮侯而棲鵠云王之大射

虎侯王所自射也者遠近三等人有尊卑分爲三節尊者
射遠卑者射近故知王射虎侯諸侯卑於天子其自射射
熊侯明助王祭亦射熊侯卿大夫卑於諸侯以其自家射
射麋侯五十步明助王亦射豹侯五十步故知射豹侯卿
大夫更言已下者兼有士亦射豹侯諸侯之大射熊侯諸
侯所自射豹侯羣臣所射以其唯有二侯故分爲二等云
卿大夫之大射麋侯君臣共射焉者以其唯有一侯故也
云凡此侯道虎九十弓至五十弓並約鄉射記案鄉射記
云鄉侯侯道五十弓案大射大侯糝侯豻侯直言九十七
十五十不云弓故注鄉射記云大侯九十弓糝侯七十弓
豻侯五十弓並約鄉侯有弓字則大射所云九十者九十
弓七十者七十弓五十者五十弓可知也天子三侯與彼
畿外諸侯同但用皮別耳故此注虎侯九十弓熊侯七十
弓豹麋五十弓云列國之諸侯大射大侯亦九十參七十
豻五十者大射所云者是也鄭注大射云大侯者熊侯也
糝侯者糝雜也豹鵠而麋飾一下天子大夫也豻侯者豻鵠

豻飾也云遠尊得伸可同耳者對此經畿內諸侯之近尊
不得同於天子三侯云所射正謂之侯者天子中之已下
皆禮記射義文鄭司農云鵠鵠毛也者先鄭意以鵠字與
鴻鵠字同故爲鵠毛解之案梓人云張皮侯而棲鵠毛非
可鵠之物故後鄭不從云方十尺曰侯者此先鄭之意見
鄉射鄉侯五十弓弓二寸以爲侯中侯中一丈故云十尺
此先鄭唯解五十步侯於義則可若九十七十五十其侯
總方一丈則不可故後鄭不從云四尺曰鵠者案梓人三
分其侯鵠居一焉則無此方四尺曰鵠故後鄭亦不從云
二尺曰正者案梓人張皮侯而棲鵠大射之侯也又云張
五采之侯遠國屬賓射之侯也若然賓射射正大射射鵠
此旣大射正鵠雜言故後鄭亦不從也云四寸曰質者言
質卽詩云發彼有的及鵠皆是一物其鵠不止四寸而已
故後鄭亦不從玄謂侯中之大小取數於侯道者其侯道
則去侯遠近之道故引鄉射記鄉射記曰弓二寸以爲侯
中者二寸據把中側骨中身也弓別取二寸以爲侯身也

則九十弓者侯中廣丈八尺者據虎侯也又云七十弓者侯中廣丈四尺者據熊侯也五十弓者侯中廣一丈也者據豹侯麋侯也云尊卑異等此數明矣者破司農揔方十尺曰侯之言云考工記曰梓人爲侯廣與崇方者崇高也上下爲崇橫度爲廣如鄉者侯中丈八丈四一丈皆方故云廣與崇方也云參分其廣鵠居一焉者謂三分丈八丈四一丈之侯各取一分而爲鵠故云三分其廣鵠居一焉又云然則侯中丈八尺者鵠方六尺自此已下皆重釋鵠居一焉之義以其侯中丈八三六十八故鵠居六尺侯中丈四尺者鵠方四尺六寸大半寸者以其侯中丈四尺取丈二尺三四十二得四尺有二尺在又取尺八寸三六十八又得六寸有二寸在寸各爲三分二寸併爲六分取二分名爲三分寸之二即是大半寸也故云鵠方四尺六寸大半寸也侯中一丈者鵠方三尺三寸少半寸者一丈取九尺三三而九得三尺一尺在又取九寸得三寸仍有一寸分爲三分得一分名爲少半寸故云鵠方三尺三寸少

半寸云謂之鵠者此鄭釋鵠還是虎豹等皮名爲鵠意故云謂之鵠者取名於鳱鵠鳱鵠者案淮南子鳱鵠知來俗云鳱鵠是小鳥捷黠者也故云鳱鵠小鳥而難中云亦取鵠之言較較者直也射所以直已志者案禮記射義云循聲而發不失正鵠若然正鵠相對之物若鵠爲鳥正亦爲鳥若鵠爲直正則爲正直之正故射義云射者內志正外體直是正鵠之名各有二義又云用虎熊豹麋之皮示伏猛討迷惑者虎熊豹是猛獸將以爲侯侯則諸侯也是示能伏得猛厲諸侯麋者迷也將以爲侯示能討擊迷惑諸侯云射者大禮故取義衆也者以其祭者是大事射者觀德故爲大禮故於三侯之上取義衆多云士不大射士無臣祭無所擇者案孝經云天子諸侯大夫皆言爭臣士則言爭友是無臣也大射者所以擇臣士則無臣可擇故經不言士之大射士自無大射之禮得與天子大射者以其得助祭故也是以鄭注云豹侯卿大夫已下所射已下即士也至於賓射士自爲賓射故射人云士豻侯二正不得

與天子賓射是以鄭射人注云此與諸侯射士不與是也云故書諸侯則共熊侯虎侯杜子春云虎當爲豹不從故書者虎侯是天子大侯不宜在諸侯熊侯之下故不從也 大喪廞裘飾皮車

釋曰大喪謂王喪廞猶興也興象生時裘而爲之謂明器中之裘即上良裘功裘等云飾皮車者亦謂明器之車以皮飾 注 皮車遣車之革路故書廞爲淫鄭司農云淫裘陳裘也玄謂廞興也若詩之興謂象似而作之凡爲神之偶衣物必沽而小耳 釋曰皮車遣車之革路者案冬官考工記飾車欲侈棧車欲弇除棧車之外皆用革鞔即此皮車非專革路鄭特云皮車革路者此司裘所飾唯革路而已云故書廞爲淫鄭司農云淫裘陳裘也者此周禮一部之内稱廞者衆多故書皆爲淫先鄭皆爲陳後鄭皆破從興興謂興象生時之物而作之必知爲陳非爲興是者車僕云大喪廞革車圉人云廞馬亦如之即是所廞車馬又禮記檀弓云竹不成用瓦不成味琴瑟張而不平

竽笙備而不和皆是與象所作明器非陳設之理故不從先鄭玄謂廞歆興也若詩之興謂象似而作之者象似生時而作但麤惡而小耳云凡爲神之偶衣物必沽而小耳者案禮記檀弓孔子云謂爲俑者不仁鄭以俑爲偶也故鄭云神之偶衣謂作送死之衣與生時衣服相似又云物沽而小者沽麤也謂其物沽略而又小即木不成用瓦不成味是也

凡邦之皮事掌之歲終則會唯王之裘與其皮事不會

掌皮掌秋斂皮冬斂革春獻之 釋曰云秋斂皮冬斂革春獻之者許氏說文獸皮治去其毛曰革秋斂皮者鳥獸毛毨之時其皮善故秋斂之革乃須治用功深故冬斂之乾乂成善乃可獻故春獻之也 注皮革踰歲乾乂乃可用獻之獻其良者於王以入司裘給王用 釋曰知

良者入司裘者以其司裘掌爲王大裘以下故知良者入司裘也**遂以式灋頒皮革于百工**釋曰上文獻良者入司裘其餘入百工因上事故云遂也百工者即冬官六十官主作器物若裘氏韋氏函人之類用皮者也**注**式法作物所用多少故事釋曰云式法作物所用多少故事者作若裘氏作裘函人作甲冑謂皮革皆有用物多少之數有舊法者也**共其毳毛爲氈以待邦事**注當用氈則共之毳毛毛細縟者釋曰鄭云當用氈則共之謂若掌次張氈案是當其用氈則掌皮共毳毛與冬官使作氈與掌次也**歲終則會其財齎**釋曰歲終周之十二月則會計其皮之本數之財及出與入物之齎計知多少也**注**財斂財本數及餘見者齎所給予人以物曰齎今時詔書或曰齎計吏鄭司農云齎或爲資釋曰財斂財本數者經云財與齎二者並據皮革而言也言

斂財本數者謂四方所有皮革之入掌皮之數是本数也
云及餘見者謂出給不盡見在庫者也云予人以物曰齎
者齎有兩義上外府注行道曰齎此皮革無行道所用之
義故齎爲出給與人物解之也云今時詔書或曰齎計吏
者漢時考使謂之計吏有詔賜與之則曰齎引之證齎是
與人物也鄭司農云齎或爲資先鄭意一部書齎或爲資也

内宰掌書版圖之灋以治王内之政令均其稍食分其人民以居之注版謂宫中閽寺之屬及其子弟録籍也圖王及后世子之宫中吏官府之形象也政令謂施閽寺者稍食吏禄稟也人民吏子弟分之使衆者就寡均宿衛 釋曰内宰既職當内事與大宰主外事相似故知版之所書者謂宫中閽寺之屬并宫中官之子弟皆屬内宰書之於版焉既主内事故知所圖者不出王及后世子之官中吏官府之形象也又知政令謂施閽寺者者以其閽人主中

門之禁寺人掌王之內人之戒令內宰爲之長故知政令
者施之於闈人寺人也不言內小臣及內豎者蓋亦施之
也云稍食吏祿稟也者吏即閽寺弟子宿衛后宮者宮正
所均謂宿衛王宮者以米稟爲祿之月俸均之者當知見
在空闕也云人民吏子弟者以其所均稍食
是吏之子弟明所分宿衛還是吏之子弟也**以陰禮教**
六宮 釋曰先鄭意以陰禮婦人之禮教六宮之人自后已下至女御後鄭意以婦人之禮教后一人六宮即后
也**注** 鄭司農云陰禮婦人之禮六宮後五前一王之妃百二十人后一人夫人三人嬪九人世婦二十七人女
御八十一人 玄謂六宮謂后也婦人稱寢曰宮宮隱蔽之
言后象王立六宮而居之亦正寢一燕寢五教者不敢斥
言之謂之六宮若今稱皇后爲中宮矣昏禮毋戒女曰夙
夜毋違宮事 釋曰先鄭知陰禮婦人之禮者以其將用
教婦人故知陰禮是婦人之禮也云六宮後五前一者天
子謂之六寢宮人所云者是也后亦象王立宮亦後五前

一在王六寢之後爲之南北相當耳云王之妃百二十人至八十一人此是禮記昏義之文彼據周法引之者先鄭意欲見内宰敎此六宫之人也玄謂六宫謂后不從先鄭者若此文兼后至女御應言及與凡殊之下别自敎三夫人已下此文既在於上明專敎后一人而已云若今稱皇后爲中宫矣者漢舊儀有此事也引昏禮者證婦人稱宫之意

以陰禮教九嬪 注敎以婦人之禮不言敎夫人世婦者舉中省文 釋曰司農意上文敎六宫之人訖此復敎九嬪者先鄭意以九嬪掌婦學之法使之敎九御故内宰特更别敎之也後鄭意下文别敎九御故知此敎三夫人已下不言三夫人世婦者舉中以見上下省文

以婦職之灋教九御使各有屬以作二事正其服禁其奇衺展其功緒 釋曰内宰以婦人職業之法敎九御上文世婦已上

皆直言陰禮不言職此言職者以其世婦以上貴無絲枲
等職業之法故也云使各有屬者女御八十一人九人爲
一屬屬猶聚也九人同婦職謂織紝組紃縫線之事九
時御又同爲絲枲之事注御女御也九九而御于王因以
號焉使之九九爲屬同時御又同事也正其服止踰侈奇
衺若今媚道展猶録也緒業也故書二爲三杜子春云當
爲二二事謂絲枲之事　釋曰婦職謂織紝織紝爲一事
組紃又爲一事縫線又爲一事三者皆婦職也案詩注云
王后織玄紞公侯夫人紘綖卿之內子大帶大夫命婦成
祭服士妻朝服庶士以下各衣其夫貴賤皆有職者彼示
雖貴無得遊手率先之意非如此絲枲二事責其功緒也
又云九御女御也者序官云女御故就而釋之也云九九
而御于王因以號焉者案下女御職云掌御叙于王之燕
寢此云九御是九九而御于王因以號焉云使之九九爲
屬同時御又同事也者此鄭釋九人爲屬之意也云正其
服止踰侈者女御禄衣是正不得踰侈服展衣以上也云

奇衺若今媚道者案漢書漢孝文時婦人蠱惑媚道更相呪詛作木偶人埋之於地漢法又有官禁云敢行婦道者若然媚道謂道妖衺巫術以自衒媚故鄭舉漢法證經奇衺也

大祭祀后祼獻則贊瑤爵亦如之

釋曰大祭祀謂祭宗廟也后祼者謂室中二祼后亞王祼尸獻謂朝踐饋獻后以玉爵亞王而獻尸則贊者此三事內宰皆佐后祼時以璋瓚授后獻時以玉爵授后故云則贊也瑤爵亦如之者謂尸卒食王酳尸后亞王而酳尸則內宰以瑤爵授后后親酌盎齊以酳尸云瑤爵亦如之者亦贊之也

注謂祭宗廟王既祼祼而出迎牲后乃從後祼也祭統曰君執圭瓚祼尸大宗執璋瓚亞祼此大宗亞祼謂夫人不與而攝耳獻謂王薦腥薦孰后亦從後獻也瑤爵謂尸卒食王既酳尸后亞獻之其爵以瑤爲飾

釋曰以其天地山川社稷等外神后夫人不與又天地無祼此云祼故知經云大祭祀者據宗廟而言也但宗廟之祭四時與禘祫六享

皆有此祼獻瑤爵之事故摠言宗廟也云王既祼而出迎牲后乃從後祼也者案郊特牲云既灌而出迎牲彼據君而言則知王既祼而出迎牲后乃從祼也案司尊彝注后亞王灌訖乃出迎牲者以郊特牲云既灌而出迎牲以旣灌之中不言無后灌是以鄭云后灌後乃迎牲此云迎牲後后乃祼鄭以迎牲是王事欲取王事自相亞故退后祼於迎牲後也又引祭統已下者彼雖諸侯禮欲見后有從王亞祼之事與諸侯同也又云獻謂王薦腥薦孰后亦從後獻也者案禮記禮運云腥其俎孰其殽鄭云腥其俎謂豚解而腥之孰其殽謂體解而爓之是其薦腥薦孰也此二者是堂上朝踐饋獻之節室中二灌訖王出迎牲時祝延尸於戶外之西南面后薦八豆八籩王牽牲入以血毛告訖以此腥其俎薦於神前王以玉爵酌醴齊以獻尸后亦以玉爵酌醴齊以獻尸也朝踐訖乃孰其殽薦於神前王以玉爵酌盎齊以獻尸后亦玉爵酌盎齊以獻尸名爲饋獻云瑤爵謂尸卒食王既酳尸后亞獻之者案儀禮鄭

注云諸侯尸十三飯天子尸十五飯尸食後王以玉爵酌朝踐醴齊以酳尸謂之朝獻后亦於後以瑶爵酌饋獻時盎齊以酳尸謂之再獻故云后亞獻也云其爵以瑶爲飾者鄉來所解知后以瑶爵亞酳尸者約明堂位云爵用玉醆仍彫加以璧散璧角食後稱加彼魯用王禮即知王酳尸亦用玉醆后酳尸用璧角賓長酳尸用璧散彼云璧此云瑶不同者瑶玉名瑶玉爲璧形飾角口則曰璧角角受四升爵爲摠號故鄭云其爵以瑶爲飾也

正后之服位而詔其禮樂之儀

釋曰云正后之服位者服謂若內司服褘衣已下六服皆正之使服當其用位謂后助祭之位正之使不失其所而詔其禮樂之儀者后之行禮之時皆合于樂節各當其威儀皆內宰告后使依於法度故云詔其禮樂之儀也

注薦徹之禮當與樂相應位謂房中戶內及阼所立處

釋曰案九嬪職云贊后薦徹豆籩是后薦徹也夫子之禮薦時歌清廟及徹歌雍是薦徹皆有樂節但

內宰所詔唯詔禮耳經兼云樂者禮樂相應也云位謂房中戸內及阼所立處者但天子諸侯祭禮亡今云位謂房中者案儀禮特牲云主婦亞獻尸尸拜受主婦北面拜送主婦北面拜者避內子及尸酢主婦主婦適房中南面祭酒及主人致爵于主婦亦於房中南面拜受爵至於少牢主婦入戸西面獻尸及酢主婦無入房之文即此云位謂房中戸內者據特牲士禮而言也云及阼所立處者案少牢有司徹云王人位于阼階上獻尸侑訖主婦乃洗爵于房中出實爵尊南西面獻尸尸拜于筵上受主婦西面于主人席北拜送爵云主人席北即當阼階故云阼所立處此約有司徹而言也 贊九嬪之禮事 注助九嬪贊后之事九嬪者贊后薦玉齍薦徹豆籩 釋曰贊助也鄭云助九嬪贊后之事者以經云贊九嬪之禮事則助九嬪經自明矣知九嬪贊后者即鄭所引九嬪職贊后爲后薦玉齍薦徹豆籩等是九嬪贊后之事即是內宰助九嬪九嬪贊后也 凡賓

客之祼獻瑶爵皆贊釋曰賓客則王同姓及二王後以其非一故云凡以
廣之云祼者謂行朝覲禮訖即行三享之禮享訖乃禮賓
於戶牖之間獻謂饗燕賓客后亦助王獻賓瑶爵謂王饗
燕酬賓時后亦助王**注**謂王同姓及二王之後來朝覲爲
酬賓皆贊助于后也賓客者祼之禮亞王而禮賓獻謂
王饗燕亞王獻賓也瑶爵所以亞王酬賓也坊記曰陽侯
殺穆侯而竊其夫人故大饗廢夫人之禮　釋曰鄭知賓
客是王同姓及二王之後者見大行人云上公之禮再祼
而酢侯伯一祼而酢子男一祼不酢則是上公乃有再祼
王先一祼次后再祼案孝經緯云二王之後稱公則知二
王之後有后祼也又案巾車云同姓金路鄭云王子母弟
雖爲侯伯畫服如上公則此云王之同姓亦謂爲侯伯得
與上公同再祼亦有后祼可知若同姓爲子男者則與異
姓同一祼無后祼也故鄭云謂王同姓及二王之後來朝
覲爲賓客者但祼時大宗伯代后至于拜送則后則內宰

亦贊后拜送爵云祼之禮亞王而禮賓者案聘禮有以醴
禮賓之言故鄭依而言之若據大行人則云祼也云獻謂
王饗燕亞王獻賓也者后之祼者饗燕亦與焉案大行人
云上公三饗三食三燕侯伯再饗再食再燕子男一饗一
食一燕無飲酒之禮唯有饗燕耳饗者亨大牢以飲賓立
行禮在廟獻依命數爵盈而不飲燕禮其牲狗行一獻之
禮四舉旅降脫屨升坐其爵以醉爲度饗燕皆有獻賓酬
賓后亦助王獻賓酬賓之事內宰皆贊后也引坊記者陽
國之侯來朝於穆侯穆侯饗陽侯之時穆侯夫人亦助君
獻酬于賓其時陽侯見穆侯夫人色美遂殺穆侯而竊其
夫人歸國故大饗廢夫人之禮引之者證古者諸侯夫人
助君饗賓明天子后亦有助王饗燕賓故經云后祼獻之
事也

致后之賓客之禮 注謂諸侯來朝覲及女賓之賓客 釋曰致后之賓客之
禮者謂若酒正云致后之賓客之禮其掌客致夫人之禮
彼諸侯夫人致禮于賓客法明后亦致宰禮於賓鄭注掌

客凡夫人禮皆使下大夫致之則此內宰亦下大夫也云女賓之賓客者謂畿內同姓諸侯夫人有會見王后之法故亦致禮焉

凡喪事佐后使治外內命婦正其服位

釋曰喪言凡則王及后世子已下皆是以其皆有服位故云凡以廣之凡有喪事內宰皆佐后使其屬官治外內之命婦正其服之精麤位之前後也

注 使使其屬之上士內命婦謂九嬪世婦女御鄭司農云外命婦卿大夫之妻王命其夫后命其婦玄謂士妻亦爲命婦

釋曰以外內命婦卑故內宰不自治之故經云使明使其屬之上士治之云內命婦謂九嬪世婦女御者以其對外命婦故知內命婦是九嬪已下可知也不言三夫人者三夫人從后不在治限故不言也司農云王命其夫后命其婦者先鄭見禮記玉藻云君命屈狄是子男夫人彼是后命之明王朝之臣亦王命其夫后命其婦可知玄謂士妻亦爲命婦者夏殷之禮爵命不及於士周之禮上士三命中士

再命下士一命夫尊于朝妻榮于室明士妻亦爲命婦可知若然喪服命夫命婦皆據大夫不含士者彼據降服不降服爲説故唯據大夫爲命夫其妻爲命婦不及士也

凡建國佐后立市設其次置其叙正其肆陳其貨賄出其度量淳制祭之以陰禮

釋曰王者建國非定一所隨世而遷遷謂若自契至湯八遷大王遷岐文王遷豐武王遷鎬成王營洛皆是建國故云凡以該之也凡建國內宰佐后立市設其次謂司市所居置其敘謂胥師賈師等所居正其肆謂諸行列肆之等陳其貨賄貨賄爲有諸物皆陳列之也出其度量謂內宰佐后出度之丈尺量之斗斛及出淳之幅廣狹并制之丈八尺又於市中祭之以陰禮謂婦人之祭禮也

注 市朝者君所以建國也建國者必面朝後市王立朝而后立市陰陽相成之義次思次也叙介次也陳猶處也度丈尺也量豆區之

屬鄭司農云佐后立市者始立市后立之也祭之以陰禮
者市中之社先后所立社也故書湻爲敦杜子春讀敦爲
純純謂幅廣也制謂匹長玄謂純制天子巡守禮所云制
幣丈八尺純四𠬶與陰禮婦人之祭禮　釋曰云市朝者
君所以建國也者謂建國必須有市朝故鄭即覆釋云建
國者必面朝後市面朝後市乃冬官匠人文云王立朝者
即三朝皆王立之也而后立市者即此文是也云陰陽相
成之義者朝是陽王立之市是陰后立之獨陽不生獨陰
不成故云陰陽相成之義也云次思次也者地官司市云
思次介次彼注破思爲司字解之云敘介次也者亦司市
文介副也謂若胥師賈師等所居也案司市注次謂吏所
治舍思次介次也若今市亭然敘肆行列也與此注不同
者鄭望文解之彼經無肆文故以敘爲行列并思次介次
共爲一所解之此文自有肆文故分思次介次別釋也云
陳猶處也者謂處置其貨賄也云度丈尺也者律曆有分
寸尺丈引五度今只言丈尺略言之也云量豆區之屬者

此案左氏昭公傳晏子云齊舊四量豆區釜鍾又案律曆五量籥合升斗斛此獨言豆區者之屬中含之又云祭之以陰禮者市中之社先后所立社也者市乃先后所立故以陰禮爲市中之社社亦先后所立社也云故書淳爲敦杜子春讀敦爲純純謂幅廣也制謂匹長玄謂純制天子巡守禮所云制丈八尺純四䄄與此二者並增成子春義趙商問云天子巡守禮制丈八尺純四䄄何答云巡守禮制丈八尺咫八寸四咫三尺二寸又大廣四當爲三三八二十四二尺四寸幅廣也古三四積畫是以三誤爲四也

中春詔后帥外內命婦始蠶于北郊以爲祭服

釋曰云中春詔后帥外內命婦始蠶于北郊者內宰以仲春二月詔告也告后帥領外命婦諸臣之妻內命婦三夫人已下始蠶於北郊云以爲祭服者禮記祭義亦云蠶事既畢遂朱綠之玄黃之以爲祭服此亦當染之以爲祭服也

注 蠶于北郊婦人以純陰爲尊郊

必有公桑蠶室焉　釋曰云蠶於北郊婦人以純陰爲尊者案禮記祭統云天子親耕於南郊鄭以諸侯爲少陽是天子以純陽爲尊則后蠶于北郊純陰爲尊也云郊必有公桑蠶室焉者案月令三月后妃親東鄉躬桑此云二月與彼不同者案馬質云禁原蠶者彼注天文辰爲馬引蠶書曰蠶爲龍精月值大火則浴其種是蠶與馬同氣故此亦仲春始蠶蠶者亦謂浴種至三月臨生蠶之時又浴種乃生之故設文有異也

歲終則會內人之稍食稽其功事　釋曰歲終亦謂周之季冬內宰則會計內人女御之稍食稍食則月請是也云稽其功事者稽內人主計也又當計女御絲枲二者之功事以知多少　**注**謂九御　釋曰知內人主是女御者案典婦功授嬪婦及內人女功之事齎嬪婦既是九嬪世婦明內人是九御也　**佐**

后而受獻功者比其小大與其麤良而

賞罰之釋曰佐后而受獻功者謂內宰佐助后而受女御等獻絲枲之功布帛等云比其小大與其麤良者布帛之等縷小者則細良縷大者則麤惡令言麤不云惡言良不云細者互見爲義也云而賞罰之者良則賞之麤則罰之以示懲勸也注獻功者九御之屬鄭司農云烝而獻功玄謂典婦功曰及秋獻功釋曰鄭知獻功是九御之屬者上文云以婦職之法教九御明所受獻功還是九御之屬可知司農云烝而獻功謂冬獻功玄引典婦功職秋獻功不從先鄭者以其內宰佐后受明是婦官所造還是典婦功女御等秋獻功也會內宮之財用注計夫人以下所用財釋曰以其云內宮是揔六宮之內所有用財皆會計之故鄭云計夫人以下所用財也正歲均其稍食施其功事憲禁令于王之北宮而糾其守釋曰正歲謂建寅之月歲始故揔均宮中所受稍食

月俸之人因歲始人於其女功絲枲之事憲禁令于王之
北宮者亦以歲始憲謂表縣禁令于王之北宮北宮則后
宮而糾其守者謂宿衛注均猶調度也施猶賦也北宮后
之子弟糾其惰慢者也注之六宮謂之北宮者繫于王言
之明用王之禁令令之守宿衛者 釋曰鄭以均為調度
者受月請者尊卑各有常度令均之者謂調之使依常度
云謂之北宮者繫於王言之明用王之禁令令之者欲見
王有六寢后有六宮名自不同必繫王而言者婦人有三
從之義后雖自有六宮必資王之禁令故繫王而
言也云守宿衛者謂若宮伯所掌士庶子者也 上春
詔王后帥六宮之人而生穜稑之種而獻
之于王 釋曰上春者亦謂正歲以其春事將與故云上
春也內宰以上春建寅之月又詔告王后帥領
六宮之人而生穜稑之種而獻之于王者一
則助王耕事二則示於宮內無傷敗之義也 注 六宮之人夫人以下

分居后之六宫者古者使后宫藏種以其有傳類蕃孳之
祥必生而獻之示能育之使不傷敗且以佐王耕事共禘
郊也鄭司農云先種後孰謂之穜後種先孰謂之稑王當
以耕種于藉田玄謂詩云黍稷穜稑是也夫人以下分居
后之六宫者每宫九嬪一人世婦三人女御九人其餘九
嬪三人世婦九人女御二十七人從后唯其所燕息焉從
后者五日而沐浴其次又上十五日而徧云夫人如三公
從容論婦禮　釋曰云古者使后宫藏種以其有傳類蕃
孳之祥者王妃百二十人使之多爲種類藏種者亦是種
類蕃孳之祥故使藏種也云必生而獻之示能育之使不
傷敗者生此種乃獻之非直道此種不傷敗示於宫内懷
孕者亦不傷也云且以佐王耕事者王親耕后親蠶皆爲
祭事今后雖不耕藏種獻之者亦是佐王耕事云共禘郊
也者禘謂祭廟郊謂祀天舉尊言之其實山川社稷等皆
用之也鄭司農云先種後孰謂之穜後種先孰謂之稑者
今世見有此先種後孰後種先孰目驗可知也玄謂詩云

恭稑種稑是也此增成先鄭義亦以其先鄭直云先種後
種不見穀名後鄭意黍稷皆有種稑云夫人以下分居后
之六宮者此已下亦是增成鄭義所分居者唯據九嬪以
下三夫人不分居而云三夫人以下則除三夫人亦得爲
三夫人以下也云每宮者后六宮故云每此言與下爲目
也九嬪一人者九嬪九人六宮各一人則三人在也世婦
三人者世婦二十七人六宮每宮三人則九人在也女御
九人者女御八十一人六宮宮各九人餘二十七人在也
其餘謂不分者故云其餘九嬪三人世婦九人女御二十
七人也云從后唯其所燕息焉者后不專居一宮須往即
停故云唯其燕息焉云從后者五日而沐浴者凡侍尊者
須絜淨故須沐髮浴身體也其次又上十五日而徧云者
鄭所分居六宮九嬪以下皆三分之一分從后兩分居宮
假令月一日一分從后至月五日從后者五日滿則右邊
三宮之中舊居宮者來替此從后者從后者又來入右邊
三宮從后者至十日又滿則左邊三宮者來替此從后者

從后者來居左邊三宮又至十五日則三番揔遍故云十五日而遍云者無正文鄭以意配之故言云以疑之云夫人如三公從容論婦禮者上后六宮夫人有三分居不遍因即尊之三公坐與王論道三夫人尊卑與三公同三公侍王三夫人亦侍后故取並焉者以證三夫人不分居宮之義也

內小臣掌王后之命正其服位 釋曰敘官云奄上士四人案夏官大僕云掌正王之服位出入王之大命則大僕掌王命及服位此小臣亦云掌王后之命正其服位則小臣侍后與大僕侍王同也 **注** 命謂使令所爲或言王后或言后通耳 釋曰云命謂使令所爲者以其后無外事明云命者是使令所爲云或言王后或言后通耳者以此經及上經皆云王后下文則皆云后鄭恐人以爲別有義意故云通耳無義例也

后出入則前驅 注 道之 釋曰此小臣是奄人與后導道是其常也

若有祭祀賓客喪紀則擯詔后之禮事

相九嬪之禮事正内人之禮事徹后之俎

釋曰云若有祭祀賓客喪紀則擯者此三者事至無常故云若若不定之辭也則擯者此三者后皆有事九嬪以下從后往也三事皆與后爲擯贊也云詔后之禮事相九嬪之禮事正内人之禮事者詔相正皆是上擯但據尊卑不同故以詔相别之云徹后之俎者謂后於東房中受尸酢之俎内小臣徹之注擯爲后傳辭有所求爲詔相正者異尊卑也俎謂后受尸之爵飲于房中之俎

擯爲后傳辭有所求爲者后爲上三事須物則小臣擯贊而傳辭與諸司求物供所爲也云詔相正者異尊卑也者后尊云詔詔告而已九嬪稍卑則言相相佐助之言也女御卑直正之而已云俎謂后受尸之爵飲於房中之俎者天子諸侯祭禮亡案特牲薦俎乃受尸之酢次主婦酳尸

尸酢主婦於東房中受尸之酢亦有薦俎后之俎小臣所徹亦約與士禮主婦之俎同也

后有好事于四方則使往有好令於卿大夫則亦如之　注后於其族親所善者使往問遺之　釋曰后於其族親者后有族親在四方謂畿外諸侯於王有親謂若魯衛晉鄭之等也於卿大夫亦謂同姓族在朝廷者也王后意有所善遣小臣往以物問遺之四方諸侯言事卿大夫言令者后雖無正令施與卿大夫時有言敎至焉故云令也后於畿外全無言敎所及故以事言之也

掌王之陰事陰令　注陰事羣妃御見之事若今掖庭令晝漏不盡八刻白録所記推當御見者陰令王所求爲於北宮　釋曰云陰事羣妃御見之事者謂若九嬪職後鄭所云者是也又云陰令王所求爲於北宮者王於北宮求爲謂若縫人女御爲王裁縫衣裳及絲枲織紝之等皆是王之所求索王之所造爲

者也言北宮者對王六寢在南以后六宮在北故云北宮也

閽人掌守王宮之

中門之禁釋曰言閽人者墨者使守門閽人守王宮中門耳中門者王有五門雉門爲中門掌守雉門之禁譏其出入之者也注守門於外內爲中若今宮闕門鄭司農云王有五門外曰皋門二曰雉門三曰庫門四曰應門五曰路門路門一曰畢門玄謂雉門三門也春秋傳曰雉門災及兩觀釋曰中門於外內爲中者雉門外有皋庫內有應路故云於外內爲中也鄭司農云王有五門庫門在雉門內爲中門路門一曰畢門者取尚書顧命云二人爵弁立於畢門之內言路門者路大也人君所居皆曰路以大爲名言畢門者從外而入路門爲終畢玄謂雉門爲三門者破先鄭雉門爲二門必知雉門爲中門者凡平諸侯三門有皋應路詩云乃立皋門皋門有亢乃立應門應門將將者是也若魯三門則有庫雉路故明堂位說魯制三兼四云庫門天子皋門則庫門向外兼皋門

矣又云雉門天子應門則雉門向內兼應門矣旣言庫門向外兼臯門雉門向內兼應門則天子五門庫門在雉門外明矣又引春秋傳者定公二年夏五月壬辰雉門及兩觀災公羊傳曰曷爲不言雉門災及兩觀主災者兩觀也主災者兩觀則曷爲後言之不以微及大也今鄭所引不與彼傳同者鄭勦傳非彼正文也引之者證魯有三門雉門有兩觀爲中門則知天子五門雉門亦爲中門有兩觀矣

喪服凶器不入宫注喪服衰絰也

潛服賊器不入宫奇服怪民不入宫

凶器明器也潛服若衷甲者賊器盜賊之任器兵物皆有刻識奇服衣非常春秋傳曰尨奇無常怪民狂易　釋曰鄭云喪服衰絰也者案下曲禮云苞屨扱衽厭冠不入公門苞屨謂杖齊衰扱衽斬衰初死服厭冠緦小功冠檀弓云士唯公門脫齊衰服問云大功免絰鄭云衰絰義出於彼也云凶器明器也者案士喪禮主人所造曰明器賔客

所致曰就器此經凶器亦應兼有就器而云凶器明器者以主人明器爲主也云潛服若衷甲者謂若襄公二十七年將盟于宋西門之外楚人衷甲是也云兵物皆有刻識者案定十年侯犯以郈叛叔孫氏之甲有物是也云奇服衣非常春秋傳曰尨奇無常者案閔二年晉使大子申生伐東山皋落氏衣以偏衣佩之金玦罕夷曰尨奇無常金玦不復先丹木曰狂夫阻之是也

凡內人公器賓客無帥則幾其出入注三者之出入當須使者符節乃行鄭司農云公器將持公家器出入者幾謂無將帥引之者則苛其出入 釋曰云當須使者符節者道路用旌節乃得行耳

以時啓閉注時漏盡 釋曰漏盡者謂若夏至晝則日見之漏六十刻夜則四十刻冬至晝則日見漏四十刻夜則六十刻就時之間大判九日校一刻

凡外內命夫命婦出入則爲之闢注辟行人

使無干也內命夫卿大夫士之在宮中者　釋曰內命夫卿大夫士之在宮中者謂若宮正所掌者也對在朝卿大夫士爲外命夫鄭雖不解外內命婦其外命婦則惣外內命夫之妻內命婦即三夫人已下也　掌埽門庭　注門庭門相當之地　釋曰閽人掌中門則門相當之地唯中門外之地謂之門庭也若餘門庭則各有守門者埽之也　大祭祀喪紀之事設門燎蹕宮門廟門　釋曰喪紀設門燎蹕宮門廟門者大喪以下朝廟及出葬之時宮中及廟門皆設門燎蹕止行人也　注燎地燭也蹕止行者廟在中門之外　釋曰燎地燭也者燭在地曰燎謂若天子百公五十侯伯子男皆三十所作之狀葦百根葦皆以布纏之以蜜塗其上若今臘燭矣對人手執者爲手燭故云地燭也又云廟在中門之外者謂若小宗伯云左宗廟右社稷　凡賓客亦如之　釋曰賓客在宮中廟中謂

若饗食在廟燕在寢皆爲設門燎及蹕止行人

寺人掌王之内人及女宮之戒令相道其出入之事而糾之注内人女御也女宮刑女之在宮中者糾猶割察也　釋曰女宮刑女之在宮中者謂男女没入縣官爲奴者也若有喪紀賓客祭祀之事則帥女宮而致於有司注有司謂宮卿世婦　釋曰知有司是宮卿世婦者案春官宮卿世婦云掌女宮之宿戒及祭祀比其具此䟫言致於有司明是男子官宮卿所掌女官也非是下文世婦之帥女宮者也佐世婦治禮事注世婦二十七世婦　釋曰上云有司是宮卿世婦恐此亦是彼世婦故鄭云二十七世婦以寺人是奄者故得佐世婦治禮事禮事即世婦所掌祭祀賓客喪

絕之事是也

掌内人之禁令凡内人弔臨于外則帥而往立于其前而詔相之 注從世婦所弔若哭其族親立其前者賤也賤而必詔相之者出入於王宮不可以闕於禮 釋曰鄭知從世婦不自弔臨者此直言凡内人弔臨于外不指斥其事故知不自弔臨案世婦職云掌弔臨于卿大夫之喪故内人得從之也云若哭族親者世婦所掌弔唯云弔卿大夫云哭族親據理而言王后有哭族親之法則内人女御亦往哭之

内豎掌内外之通令凡小事 注内后六宮外卿大夫也使童豎通王内外之命給小事者以其無與爲禮出入便疾内外以大事聞王則俟朝而自復 釋曰鄭知豎是童子者謂若春秋左氏叔孫穆子於庚宗婦人生牛牛能奉雉使爲豎也又知童子無與爲禮者案禮記玉藻云童子無事則立

於主人之南北面云内外以大事聞王則俟朝而自復者經云凡通小事復白也明大事待朝自復不使内豎也

若有祭祀賓客喪紀之事則爲内人蹕

釋曰此豎爲祭祀賓客喪紀三事爲内人蹕者皆謂在廟時若然祭祀在廟謂禘祫四時之祭祀也賓客在廟謂饗食時也喪紀在廟謂喪朝廟爲祖奠遣奠時也皆爲内人蹕止行人也

注 内人從世婦有事於廟者内豎爲六宫蹕者以其掌内小事

釋曰鄭知内人從世婦者内人卑不專行事案下世婦職云掌祭祀已下三事與此經三事同明此内人從世婦而濯摡及爲粢盛也云内豎爲六宫蹕者以其掌内小事者以其蹕止行人既是小事故還使内豎掌小事者蹕也

王后之喪遷于宫中則前蹕乃葬執褻器以從遣車

釋曰后喪遷於宫中謂七月而葬將葬而朝七廟則

亦使內豎在車前蹕止行人也云及葬執褻器以從遣車
者謂朝七廟訖且將行在大祖廟中爲大遣奠苞牲取下
體天子大牢苞九个遣車九乘后亦同使人持之往如墓
則此內豎執褻器從遣車之後以其遣車載牲體鬼神依
之故使執褻器從之若
生時亦執褻器從也
注喪遷者將葬朝于廟褻器振飾
頮沐之器 釋曰鄭知喪遷是將
葬朝於廟者以其喪柩遷在宮中唯有朝廟時故禮記檀
弓云周朝而遂葬是也云褻器振飾頮沐之器者以其從
遣車若生時從后后之私褻小器唯有振飾頮沐之器故
爲此解也若然玉府云凡褻器鄭注以爲清器虎子不爲
振飾頮沐器者彼據生時故與牀笫等連文但死者器物
雖皆不用仍法其威儀者故此注褻器爲振飾頮沐之器
不爲清器虎子也知有振飾頮沐器者案特牲爲尸而有
槃匜并有簞巾巾爲振飾槃匜爲盥手明其頮面沐髮亦
有之故既夕禮用器之中有
槃匜是送葬之時有褻器也

周禮疏卷第七

周禮疏卷第八

唐朝散大夫行大學博士弘文館學士臣賈　公彥　等撰

九嬪掌婦學之灋以教九御婦德婦言婦容婦功各帥其屬而以時御叙于王所 釋曰云掌婦學之法者謂婦人所學之法即婦德已下是也言以時御叙于王所者謂月初卑者爲始望後尊者爲先是也

注 婦德謂貞順婦言謂辭令婦容謂婉娩婦功謂絲枲自九嬪以下九九而御於王所九嬪者既習於四事又備於從人之道是以教女御也教各帥其屬者使亦九九相與從於王所息之燕寢御猶進也勸也進勸王息亦相次叙凡羣妃御見之法月與后妃其象也卑者宜先尊者宜後女御八十一人當九夕世婦二十七人當三夕

九嬪九人當一夕三夫人當一夕后當一夕亦十五日而
徧云自望後反之孔子云日者天之明月者地之理陰契
制故月上屬爲天使婦從夫放月紀　釋曰鄭知婦德謂
貞順已下義如此者但此經雖有四事之言無事別目案
内則云姆教婉娩聽從執麻枲治絲繭織紝組紃故鄭此
注婦德謂貞順當彼聽從此云婦容謂婉娩還當彼婉娩
也此云婦功謂絲枲還當彼執麻枲已下惟婦言注與彼
少異此注以婦言謂辭令彼内則注以婉爲言語娩之言
媚也謂容貌也不同者以彼經無四事之言故分婉娩爲
二事以充四德此有四事之言故并婉娩爲容貌別以辭
令解婦言然彼以婉娩亦兼婦言者以其言語婉順亦得
爲容貌故也云自九嬪以下九九而御於王所者欲見三
夫人及后各當一夕不爲九御也言此者釋經稱女御爲
九御之意云九嬪者既習於四事又備於從人之道是以
教女御也者釋經使九嬪教女御之意云既習於四事即
經婦德之等是也云又備於從人之道謂御序之事即經

各帥其屬以時御敘於王所是也云各帥其屬者使亦九九相與從於王所息之燕寢者此釋經以時御敘于王所之事云亦九九相與從王者亦上居宮及以作二事皆九人相配故以亦之也云御猶進也勸也進勸王息者案左傳云君子晝以訪問夜以安身女者定男於夜節宣其氣故云勸王息也云亦相次敘者亦上居宮有次敘也云凡羣妃御見已下無正文鄭以意消息婦人者陰象月紀故月與后妃其象也云卑者宜先尊者宜後者案禮運云三五而盈三五而闕后以下法之故從微嚮著卑者宜先從著嚮微卑者宜後也云亦十五日而徧云者言亦者亦上居宮言云者亦無正文故以云疑之也云孔子云巳下者孝經援神契文但彼是孔子所作故言孔子云也云日者天之明者本合在天云月者地之理者本合在地今以陽尊而陰卑月乃爲天契制所使故云陰契制上屬爲天使是以月上屬於天隨日而行云婦從夫放月紀者解后已下就王燕寢而御之意

凡祭祀贊玉

齍贊后薦徹豆籩 釋曰言凡祭祀者后無外事唯有宗廟禘祫與四時月祭等故云凡祭祀贊玉齍者但祭祀之時男子進俎婦人設豆籩簠簋贊助也助后薦玉齍也云贊后薦徹豆籩者豆籩之薦與徹皆助后也 注 玉齍玉敦受黍稷器后進之而不徹故書玉爲王杜子春讀爲玉 釋曰云玉齍玉敦受黍稷器者案明堂位云有虞氏之兩敦周之八簋則周用簋特牲少牢大夫士用敦今周天子用玉敦者明堂位賜魯得兼用四代之器用敦明天子亦兼用可知云玉敦者謂以玉飾敦謂若玉府云珠槃玉敦但彼以珠槃盛牛耳玉敦盛血此玉敦盛黍稷爲異耳云后進之而不徹知者豆籩云贊薦徹玉齍直贊不云薦徹明直贊進之而已案禮器云管仲鏤簋注云天子飾以玉此直云玉敦則簋亦飾以玉而不云者但玉敦后親執而設之故特言之其簋則九嬪執而授后后設之若少牢主婦親受韭菹醓醢其餘婦贊者授主婦主婦設之故不言也 若有

賓客則從后注當贊后事者唯有諸侯來朝王親饗燕后當助王饗燕時九嬪從后往也　釋曰后之有事於賓客

大喪帥叙哭者亦如之注亦從后帥猶道也后哭衆之次叙者乃哭　釋曰大喪謂王喪帥叙哭者謂若外內命婦哭時皆依尊卑命數在后後爲前後列位哭之故須帥導使有次叙也

世婦掌祭祀賓客喪紀之事帥女宮而濯摡爲齍盛　釋曰此婦人所掌祭祀謂祭宗廟賓客謂饗食諸侯在廟喪紀謂大喪朝廟設祖奠與大遣奠時爲此三事則帥女宮而濯摡案少牢饔人摡鼎俎廩人摡甑甗司宮摡豆籩皆使男子官不使婦人者彼以大夫家無婦官及無刑女故并使男子官此天子禮有刑女及婦官故與彼異也　注摡拭也爲猶差擇

釋曰祭祀黍稷春人舂之饎人炊之皆不使世婦故此爲非舂非炊是差擇可知也**及祭之日**

涖陳女宮之具凡內羞之物注涖臨也內羞房中之羞 釋曰案春官世婦官卿云掌女宮之宿戒及祭祀比其具此官直臨之而已云凡內羞之物者謂糗餌粉餈寀少牢皆從房中而來故名爲內羞是以鄭云內羞房中之羞也

掌弔臨于卿大夫之喪注王使往弔 釋曰案內宗云凡卿大夫之喪掌其弔臨注云王后弔臨諸侯而已是以言掌卿大夫云文同而注異者彼上文云王后有事則從大喪序哭者哭諸侯亦如之彼文與后事相連彼主於后此上文無后故知此王使往可知也若然后無外事彼弔諸侯謂三公王子母弟若畿外諸侯則后不弔以其王爲三公六卿錫衰諸侯緦衰后不弔畿外諸侯既輕於王之卿卿既后不親弔畿外諸侯不親弔可知若然喪大記諸侯夫人弔卿大夫士之喪

者以其諸侯臣少故不分别尊卑夫人皆弔之也案司服公卿大夫皆王親弔之此文使世婦往弔者此蓋使世婦致禮物但弔是大名雖致禮亦名爲弔是以大僕云掌三公六卿之弔勞注云王使往小臣云掌士大夫之弔勞注云致禮同名爲弔是其事也此所弔不言三公與孤者文不具也

女御掌御叙于王之燕寢 注言掌御叙防上之專妬者于王之燕寢則王不就后宫息也 釋曰鄭云掌御叙防上之專妬者鄭解不使九嬪世婦掌房之意若使在上掌之則有妬疾自尊之事今使女御掌之官卑不敢專妬故也云于王之燕寢則王不就后宫息者破舊説云王就后宫者故鄭云此也

以歲時獻功事 注絲枲成功之事 釋曰上内宰云教九御使各有屬以作二事即此獻功之事故知此經獻功事是絲枲爲布帛成而獻之也

凡祭祀贊世婦 注助

其帥涖女宮　釋曰上世婦職云掌祭祀賓客喪紀帥女
宮及祭之日涖女宮之具故知此賛者助其涖女宮也

大喪掌沐浴　注王及后之喪　釋曰王及后喪沐用
潘浴用湯始死爲之於南牖下但男子
不死於婦人之手今王喪亦使女御浴者案士喪禮浴時
男子抗衾則不使婦人今王喪沐或使婦人而浴未必婦
人或亦供給湯物而
已亦得謂之掌也

后之喪持翣　注翣棺飾也持
而從摳車　釋
曰案禮器云天子八翣又漢制度皆戴璧后喪亦同將葬
向壙之時使此女御持之左右各四人故鄭云持而從柩
車
也

從世婦而弔于卿大夫之喪　注從之數蓋如
使者之介云
釋曰王之妃妻三夫人象三公九嬪爲孤卿二十七世婦
象大夫女御象元士但介數依命數爲差則王之大夫四
命世婦之從亦四人以無正
文故言蓋言云以疑之也

女祝掌王后之内祭祀凡内禱祠之事注内祭祀六宮之中竈門戶禱疾病求瘳也祠報福釋曰依祭法王立七祀有戶竈中霤門行泰厲司命后亦與王同今鄭直云内祭祀竈門戶者以其婦人無外事無行與中霤之等其竈與門戶人所出入動作所由后亦當祀之故言竈與門戶也案月令春祀戶夏祀竈秋祀門后祀之時亦當依此也云禱疾病求瘳也祠報福者以其后無外事禱祠又是非常之祭故知唯有求瘳報福之事也掌以時招梗禬禳之事以除疾殃釋曰云掌以時招梗禬禳者此四事並非常求福去殃之事云以時者謂隨其事時不必要在四時也云招者招取善祥梗者禦捍惡之未至禬者除去見在之災禳者推卻見在之變異此四者皆與人爲疾殃故云以除疾殃也注鄭大夫讀梗爲亢謂招善而亢惡去之杜子春讀梗爲更玄謂梗禦未至

也除灾害曰禬禬猶刮去也郤變異曰禳禳攘也四禮唯禳其遺象今存　釋曰鄭大夫以梗爲亢惡去之玄不從以爲禦未至者以禬禳二者已是去惡復以梗爲亢惡去之文煩而無禦未至之事故不從鄭大夫爲亢惡也鄭大夫云招善者玄從之也杜子春云讀梗爲更義無所取玄亦不從之也云四禮唯禳其遺象今存者此四禮至漢時招梗及禬不行唯禳一禮漢曰猶存其遺象故云遺象今存也

女史掌王后之禮職掌內治之貳以詔后治內政　釋曰案上敘官鄭注云女史女奴曉書者是以掌王后禮之職事　**注**　內治之法本在內宰書而貳之　釋曰云內治之法本在內宰者案內宰職云掌書版圖之法以治王內之政令今此云掌內治之貳故知內治之法本在內宰掌此女史書而貳之也　**逆內宮**　注鉤考六宮之計　釋曰逆謂逆而鉤考之言

内宮亦對王之六寢爲内宮謂六宮所**書内令**注后之令　釋
有賞用財物及米粟皆當鉤考之也
曰内令亦對王令爲内故鄭云后
之令謂書而宣布於六宮之中也**凡后之事以禮從**
注亦如大史之從於王　釋曰案大史職云大會同朝覲
以書協禮事及將幣之日執書以詔王鄭注云告王以禮
事此女史亦執禮書以從
后故云如大史之於王

典婦功掌婦式之灋以授嬪婦及内人女功之事齎注婦式婦人事之摸範法其用財舊數嬪婦九嬪世婦言及以殊之者容國中婦人賢善工於事者事齎謂以女功之事來取絲枲故書齎爲資杜子春讀爲資鄭司農云内人謂女御女功事資謂女功絲枲之事　釋曰云法其用財舊數者此即典絲典枲所授絲枲多少並有舊數依而授之云嬪婦九嬪世婦者

案内宰以作二事及婦功唯據九御而言不見九嬪世婦有絲枲之事此言嬪婦者但三夫人無職九嬪已下皆有之但女御四德不備須教之九嬪世婦素解不須教之其實有婦職也是以魯語云王后織玄紞公侯夫人紘綖卿之内子大帶則貴賤皆職事也云言及以殊之者容國中婦人賢善工於事者案下内司服注言及言凡殊貴賤也此云言及容國中婦人者此云及非直殊貴賤亦含國中婦人故云容也必知有國中婦人者以下典絲云頒絲于外内工注云外工外嬪婦也故大宰九職云嬪婦化治絲枲是其國中婦人有嬪婦之稱也云事齎謂以女工之事來取絲枲者以其行道曰齎經云女功事齎故知以女功之事來取絲枲也故書齎爲資杜子春讀爲資案上玄注以齊次爲聲從貝變易則兩字俱得今不破子春者從上注義可知不復重言也

凡授嬪婦功及秋獻功辨其苦良比其小大而賈之

物書而楬之注授當爲受聲之誤也國中嬪婦所作成即送之不須獻功時賈之者物不正齊當以泉計通功鄭司農若讀爲監謂分別其縑帛與布紵之麤細皆比方其大小書其賈數而著其物若今時題者物　釋曰鄭知授當爲受者以其上文已授女功故知此爲受云國中嬪婦所作成即送之不須獻功時者以其經受嬪婦功在秋獻功上故不待秋獻功也云賈之者物不正齊當以泉計通功者婦人雖等受絲枲作有麤細善善者少送以充功直故云泉計通功也司農云若讀爲監惡故以泉計而通爲功布絹惡者盡其材猶不充功布絹巳下云云者司農之意以典婦功是都司總掌故分別布帛其典絲即唯主絲絲爲良者也典枲唯主布布爲苦者也若後鄭之義即以典婦功主良典絲典枲主苦者又以絲枲之中各自有苦良若然經云苦謂就良中苦者也云皆比方其大小者謂比方其細小者復比方其麤大也

以共王及后之用頒

之于內府釋曰此於典絲典枲處受其良好者入此典婦功藏之以待王及后之用故藏之於內府也

典絲掌絲入而辨其物以其賈楬之釋曰云辨其物者典絲唯受絲入而云辨其物謂絲有善惡麤細不同非謂別有餘物也注絲入謂九職之嬪婦所貢絲釋曰后宮所蠶之絲自於后宮用之以爲祭服不入典絲其歲之常貢之絲若禹貢兗州貢漆絲之等且餘官更無絲入之文亦當此典絲也

掌其藏與其出以待興功之時注絲之貢少藏之出之可同官也時者若溫煖宜縑帛清涼宜文繡釋曰案經餘官內府玉府等皆不云掌其藏與其出此官獨云掌其藏與其出故云絲之貢少藏之出之可同官也云時者若溫煖宜縑帛清涼宜文

繡者鄭以目驗知之文繡必於清涼者以其文繡染絲爲之若於夏暑損色故待秋涼爲之也**須絲于外内工皆以物授之**釋曰言以物授之者若縑帛財授之以素絲若文繡則授之以絲絲故以物而言也**注**外工外嬪婦也内工女御　釋曰上典婦功云凡授嬪婦功幷有九嬪世婦此注內工不言嬪婦直云女御者案內宰職教女御以作二事及九嬪職教九御以婦職則女御專於絲枲也九嬪世婦四德自備不常爲絲枲假使爲之以其菩事所造唯典婦功以**凡**共王及后所用不在典絲典枲故鄭注內工中不言也

上之賜予亦如之注王以絲物賜人　釋曰云亦如之者亦以物授之謂王以絲物賜人者也**及獻功則受良功而藏之辨其物而書其數以待有司之政令上之賜予**注良當爲苦字

之誤受其共鹿䴡監之功以給有司之公用其良功者典婦功受之以共王及后之用鄭司農云良功絲功縑帛　釋曰鄭破良爲苦者以其典絲典枲授絲枲使外內工所造縑帛之等旲者入典婦功以共王及后之用故典枲直有苦者而無良者明典絲亦不得有良者故破良爲苦必從苦者見與婦功有良苦之字故破從苦苦即鹿䴡監者也先鄭言良功絲功縑帛者先鄭之意以爲絲功爲良枲功爲監故不破良爲苦玄既不從引之在下者亦得爲一義故也

凡祭祀共黼畫組就之物　釋曰言凡祭祀者謂祭祀天地宗廟社稷山川之等故言凡以廣之云共黼畫者凡祭服皆畫衣繡裳但裳繡須絲衣畫不須絲而言共絲者大夫巳上裳皆先染絲則玄衣亦須絲爲之乃後畫故兼衣畫而言之也組就者謂以組爲冕旒之就故組就連言之云之物者謂絲之物　注以給衣服冕旒及依盥巾之屬白與黑謂之黼采色一成曰就　釋曰云以給衣服者經云共

據王而言注云給據臣而言鄭欲見尊卑皆授絲物也言衣物釋經黼畫但周之冕服九章衣五章裳四章龍衮已下直言黼者據美者而言謂若詩云玄衮及黼商書云麻冕黼裳之類云冕旒者釋經組就謂若弁師云十二就之等云及依者亦釋經黼此據祭祀謂若掌次大旅上帝設皇邸邸即屏風爲黼文云盥巾者亦釋經黼謂若冪人職云王巾皆黼之類云之屬者殯有加斧於椁上及綃黼丹朱之類也云白與黑謂之黼者繢人職文云采色成日就者謂若典瑞云五采五就弁師十二就之等皆是采色一成爲就也

喪紀共其絲纊組文之物注以給線縷著盱口綦握之屬青與赤謂之文　釋曰此鄭並據士喪禮而言云以給線縷者謂所裁縫皆用線縷釋經絲也云著盱口綦握之屬考釋經纊組案士喪禮握手玄纁裏著組繫案喪大記屬纊以俟絶氣內則云屨著綦鄭云綦屨繫是用纊組之事也云青與赤謂之文繢人職文繡之屬亦用絲故連言也

凡飾邦器者受文織絲組焉注謂茵席屏風之屬　釋曰上
既言祭祀喪紀所用絲纊訖今復云飾邦器故知此據生
人所飾器物言茵者謂若少儀云枕几茵潁之等鄭云茵
著褥是也云席者謂席之四緣若司几筵云紛純畫純黼
純之等是也屏風者即上文注黼依也重言之者上據祭
祀時此據爲王所用謂若司几筵云扆前者是也云之屬
者謂國家所用文織絲組處皆受之故云之屬以廣之

歲終則各以其物會之注種別爲計鄭司農云各以其所飾之物計會
傳著之　釋曰言種別爲計者自上經所用掌其藏與其
出及黼畫已下各別爲計故司農云各以其所飾之物計
會傳著者謂此物之多少作
文書使相傳著共一簿也

典枲掌布緦縷紵之麻草之物以待時

頒功而授齎釋曰云掌布緦縷紵之麻草之物者欲見布緦縷用麻之物紵用草之物布中

可以兼用葛蕒之草爲之云以待時頒功而授齎者上典絲鄭注解時者用絲有四時之別此鄭不解　麻草所爲四時皆得故不釋也云授齎者亦如典婦功注謂以女功事來取者注緦十五升布抽其半者白而細疏曰紵雜言此數物者以著其類衆多草葛蕒之屬故書齎作資　釋曰鄭知緦十五升布抽其半者禮記雜記文白而細疏曰紵者鄭曰驗而知之

及獻功受苦功以其賈楬而藏之

以待時頒　釋曰獻功者即上典婦功云秋獻功是也云以待時頒者即下文頒衣服及賜予是也

注其良功亦入於典婦功以共王及后之用鄭司農云苦功謂麻功布紵　釋曰云其良功亦入於典婦功者亦欲見典絲典枲良功皆入典婦功苦功自入故此與典絲同爲此解也司農云苦功謂麻功布紵者先鄭意絲

功爲良故彼注一不破良字云良功練帛也此典枲云苦
功謂麻功爲盬麤之功玄引之在下亦見得通一義也頒
衣服授之賜予亦如之 注授之授受班者帛言
待有司之政令布言班
衣服互文 釋曰言授受班者謂王賜無常云帛言待有
司之政令布言班衣服者帛謂典絲布謂典枲據成而言
知爲互文者以其典絲典枲俱不爲王
及后之用皆將頒賜故知互見爲義也 歲終則各以
其物會之 釋曰鄭無注者以其義與典
絲同彼已注故於此略也
內司服掌王后之六服褘衣揄狄闕狄鞠
衣展衣緣衣素沙 釋曰云掌王后之六服者自褘
衣至緣衣是六褘衣者亦是翟
而云衣者以其衣是服之首故目言衣也褘當爲翬即翬
雉其色玄也揄狄者揄當爲揺狄當爲翟則揺雉其色青

也闕狄者其色赤上二翟則刻繒爲雉形又畫之此闕翟亦刻爲雉形不畫之爲彩色故名闕狄也此三翟皆祭服也鞠衣者色如鞠塵色告桑之服也展衣者色白朝王及見賓客服緣當爲褖褖衣者色黑御於王服也素沙者此非服名六服之外别言之者此素沙與上六服爲裏使之張顯但婦人之服不殊裳上下連則此素沙亦上下連也王之吉服有九韋弁已下常服有三與后鞠衣已下三服同但王之祭服有六后祭服唯有三翟者天地山川社稷之等后夫人不與故三服而已必知外神后夫人不與者案内宰云祭祀祼獻則贊天地無祼言祼唯宗廟又内宗外宗佐后皆云宗廟不云外神故知后於外神不與是以白虎通云周官祭天后夫人不與者以其婦人無外事若然哀公問云夫人爲天地社稷主者彼見夫婦一體而言也

注 鄭司農云褘衣畫衣也祭統曰君卷冕立于阼夫人副褘立于東房揄狄闕狄畫羽飾展衣白衣也喪大記曰復者朝服君以卷夫人以屈狄世婦以襢衣屈者音

聲與闕相似禮與展相似皆婦人之服鞠衣黃衣也素沙赤衣也玄謂狄當爲翟翟雉名伊雒而南素質五色皆備成章曰翬江淮而南青質五色皆備成章曰搖王后之服刻繒爲之形而采畫之綴於衣以爲文章褘衣畫翬者揄翟畫搖者闕翟刻而不畫此三者皆祭服從王祭先王則服褘衣祭先公則服揄翟祭羣小祀則服闕翟今世有圭衣者蓋三翟之遺俗鞠衣黃桑服也色如鞠塵象桑葉始生月令三月薦鞠衣于上帝告桑事展衣以禮見王及賓客之服字當爲襢襢之言亶亶誠也詩國風曰玼兮玼兮其之翟也下云胡然而天也胡然而帝也言其德當神明又曰瑳兮瑳兮其之展也下云展如之人兮邦之媛也言其行配君子二者之義與禮合矣雜記曰夫人復稅衣揄狄又喪大記曰士妻以祿衣言祿者甚衆字或作稅此緣衣者實作祿衣也祿衣御于王之服亦以燕居男子之祿衣黑則是亦黑也六服備於此矣褘揄狄展聲相近緣字之誤也以下推次其色則闕狄赤揄狄青褘衣玄婦人尚

専一德無所兼連衣裳不異其色素沙者今之白縳也六服皆袍制以白縳為裏使之張顯今世有沙縠者名出于此

釋曰司農云褘衣畫衣也者先鄭意褘衣不言狄則非翟雉知畫衣者以王之冕服而衣畫故知后衣畫也又引祭統者彼據二王後夫人助祭服褘衣與后同也揄狄闕狄畫羽飾者以其言狄是翟羽故也云展衣白衣也者見鞠衣黃以土色土生金金色白展衣文承鞠衣之下故知展衣白也引喪大記證闕狄與展衣為婦人服故也彼君以卷據上公而言夫人以屈翟據子男夫人復時互見為義云世婦以禮衣者彼亦據諸侯之世婦用禮衣復之所用也云鞠衣黃衣也素沙赤衣也者先鄭意以素沙為服名又以素沙為赤色義無所據故後鄭不從之玄謂狄當為翟者破經二狄從翟雉之翟也伊洛而南巳下至曰搖皆爾雅文言伊水而南有雉素白為質兼青赤黃黑五色皆備成其文章曰翬雉云江淮而南青質五色皆備有以成文章曰搖雉玄引此者證褘揄爲雉也又云翬衣畫

翬者以先鄭褘衣不言翟故增成揺狄畫揺者亦兹足先鄭之義云闕翟刻而不畫者此無正文直以意量之言翟而加闕字明亦刻繒爲雉形但闕而不畫五色而已云此三者皆祭服者對鞠衣已下非祭服也云從王祭先王則服褘衣祭先公則服揄翟祭羣小祀則服闕翟鄭言此者欲見王后無外事唯有宗廟分爲二與王祀先王衮冕先公鷩冕同差羣小祀王玄冕故后服闕翟也云今世有圭衣者蓋三翟之遺俗者漢時有圭衣刻爲圭形綴於衣是由周禮有三翟別刻繒綴於衣漢俗尚有故云三翟遺俗也云鞠衣黃桑服也者謂季春將蠶后服之告先帝養蠶之服云色如鞠塵者麴塵不爲麴字者古通用云象桑葉始生者以其桑葉始生即養蠶故服色象之引月令者證鞠衣所用之事故云告桑事也云展衣以禮見王及賓客之服知義然者以其鞠衣在上告桑之服褖衣在下御於王之服展衣在中故以爲見王及賓客之服但后雖與王體敵夫尊婦卑仍相朝事與賓同諸侯爲賓客於王后助

王灌饗賓客則后有見賓客之禮是以亦服展衣也云字當爲襢襢之言亶亶誠也者案禮記作襢詩及此文作展皆是正文鄭必讀從襢者二字不同必有一誤襢字衣傍爲之有衣義且爾雅展亶雖同訓爲誠展者言之誠亶者行之誠貴行賤言襢字以亶爲聲有行誠之義故從襢也又引詩者鄘風刺宣姜淫亂不稱其服之事云其之翟也胡然而天也胡然而帝也言其德當神明又曰其之展也展如之人兮邦之媛也言其行配君子云二者之義與禮合矣者言服翟衣尊之如天帝比之如神明此翟與彼翟俱事神之衣服展則邦之爲媛助展衣朝事君子之服是此禮見王及賓客服故云二者之義與禮合若然內則注夫人朝於君次而褖衣也者彼注謂御朝也引雜記及喪大記者欲破緣衣爲褖衣之事云字或作稅者或雜記文故雜記云夫人稅衣又云狄稅素沙並作稅字亦誤矣故云此緣衣者實褖衣也云褖衣御于王之服亦以燕居者案尚書多士傳云古者后夫人侍於君前息燭後舉燭至

於房中釋朝服然後入御於君注云朝服展衣君在堂大師雞鳴于簷下然後后夫人鳴珮玉于房中告燕服入御以此而言云釋展衣朝服告以燕服然後入御明入御之服與燕服同褖衣以其展衣下唯有褖衣故知御與燕居同褖衣也以其御與燕居同是私褻之處故司服云男子之褖衣黑則是亦黑也者男子褖衣黑禮雖無文案士冠禮陳服於房爵弁服皮弁服玄端服至於士喪禮陳襲事于房亦云爵弁服皮弁服褖衣褖衣當玄端之處變言之者冠時玄端衣裳別及死襲時玄端連衣裳與婦人褖衣同故雖男子之玄端亦名褖衣又見子羔襲用褖衣纁袡譏襲婦服纁袡與玄衣相對之物則男子褖衣黑矣男子褖衣既黑則是此婦人褖衣亦黑可知鄭言此者以六服之色無文欲從此向上推次其色以此爲本故言之也云六服備於此矣者經傳云婦人之服多矣文皆不備言六服唯此文爲備故言六服備於此矣鄭言此者亦欲推次六服之色故也云褘揄狄展聲相近者褘與翬揄與搖狄

與翟展與襢四者皆是聲相近故云誤也云緣字之誤也者緣與褖不得爲聲相近但字相似故爲字之誤也云以下推次其色則闕翟赤揄翟青褘衣玄者王后六服其色無文故須推次其色言推次者以鞠衣象麴塵其色黄褖衣與男子褖衣同其色黑二者爲本以五行之色從下向上以次推之水色既黑褖衣象之水生於金褖衣上有展衣則展衣象金色白故先鄭亦云展衣白衣也金生於土土色黄鞠衣象之土生於火火色赤鞠衣上有闕翟則闕翟象之赤矣火生於木木色青闕翟上有揄翟象之青矣五行之色已盡六色唯有天色玄褘衣最在上象天色玄是其以下推次其色也云婦人尚專一德無所兼連衣裳不異其色者案喪服上云斬衰裳下云女子髽衰三年直言衰不言裳則連衣裳矣又昏禮云女次純衣亦不言裳是其婦人連衣裳裳衣既連則不異其色必不異色者爲婦人尚專一德無所兼故也云素沙者今之白縳也者素沙爲裏無文故舉漢法而言謂漢以白縳爲裏以周時素

沙爲裏耳云六服皆袍制以白縳爲裏使之張顯者案雜
記云子羔之襲繭衣裳則是袍矣男子袍既有衣裳今婦
人衣裳連則非袍而云袍制者正取衣複不單與袍制同
不取衣裳別爲義也云今世有沙縠者名出于此者言漢
時以縠之衣有沙縠之名出於周禮素沙也

辨外内命婦之服鞠衣展衣緣衣素沙

釋曰上言王后六服此論外内命婦不
得有六服唯得鞠衣已下三服尊卑差
次服之而已亦以素沙爲裏故云素沙也

注 内命婦之服鞠衣九嬪也展衣世婦
也緣衣女御也外命婦者其夫孤也
則服鞠衣其夫卿大夫也則服展衣其夫士也則服緣衣三
夫人及公之妻其闕狄以下乎侯伯之夫人揄狄子男之夫
人亦闕狄唯二王後褘衣

釋曰鄭以内命婦無過三夫人
巳下外命婦無過三公夫人巳下但經云鞠衣以下則三夫
人三公夫人同皆得闕狄以下則此命婦之中無三夫人及
三公夫人矣故内命婦從九嬪爲首也鄭必知九嬪巳下服

鞠衣以下者但九嬪下有世婦女御三等鞠衣已下服亦
三等故知鞠衣以下九嬪也展衣以下世婦也禒衣女御
也云外命婦者其夫孤也則服鞠衣其夫卿大夫也則服
展衣其夫士也則服禒衣者此約司服孤絺冕卿大夫同
玄冕士皮弁三等而言之孤已下妻其服無文故以此三
等之服配三等臣之妻也孤妻亦如九嬪三服俱得也卿
大夫妻亦如世婦展衣禒衣俱得也士妻禒衣而已但司
服孤卿大夫士文承諸侯之下皆據諸侯之臣而言若然
諸侯之臣妻亦以次受此服是以玉藻云君命闕狄再命
褘衣一命襢衣士禒衣注云此子男之夫人及其卿大夫
士之妻命服也褘當爲鞠諸侯之臣皆分爲三等其妻以
次受此服若然五等諸侯之臣命雖不同有孤之國孤絺
冕卿大夫同玄冕無孤之國則卿絺冕大夫玄冕其妻皆
約夫而服此三等之服其天子之臣服無文亦得與諸侯
之臣服同是以此外命婦服亦得與諸侯臣妻服同也云
三夫人及公之妻其闕狄以下乎者婦人之服有六從下

向上差之內命婦三夫人當服闕狄外命婦三公夫人亦當闕狄若三夫人從上向下差之則當揄狄是以玉藻云王后褘衣夫人揄狄注夫人三夫人若三公夫人不得過闕狄知者射人云三公執璧與子男執璧同則三公亦毳冕玉藻君命屈狄據子男夫人則三公之妻當闕狄三夫人其服不定三公夫人又無正文故揔云乎以疑之也云侯伯之夫人揄狄子男夫人亦闕狄唯二王之後褘衣者玉藻云夫人揄狄夫人三夫人亦侯伯之夫人鄭必知侯伯夫人揄翟者以玉藻云君命闕狄再命鞠衣一命襢衣夫並是子男之國闕翟既當子男夫人以上差之侯伯夫人自然當揄翟二王後夫人當褘衣矣案喪大記云復君以卷注云上公以衮則夫人用褘衣又案隱五年公羊云諸公者何天子三公稱公若然天子三公有功加命服衮冕其妻亦得服褘衣矣此注直云二王後不云三公之內上公夫人者以其八命則毳冕夫人服闕翟不定故不言若然喪大記注云公之夫人容三公夫人兼二王後夫人

矣明堂位云夫人副褘是魯之夫人亦得褘衣故彼鄭注
副褘王后之上服唯魯及王者之後夫人服之以此而言
則此注亦含有九命上
公夫人與魯夫人同也**凡祭祀賓客共后之衣服**
及九嬪世婦凡命婦共其衣服共喪衰亦
如之釋曰上陳尊卑以次受服之事此文陳所用之時云
凡祭祀者婦人無外事言凡祭祀唯據宗廟大小祭
祀云賓客者謂后助王灌饗諸侯來朝者云共后之衣服
者祭祀共三翟賓客共展衣云九嬪世婦者謂助后祭祀
賓客時云凡命婦者兼外內命婦也云喪衰亦如之者外
命婦喪衰謂王服齊衰於后無服若九嬪巳下及女御於
王服斬衰於后服齊衰也**注**凡者凡女御與外命婦也言及言凡殊貴賤也春秋之義王人雖微者猶序乎諸侯
之上所以尊尊也臣之命者再命以上受服則下士之妻
不共也外命婦唯王祭祀賓客以禮佐后得服此上服自

於其家則降焉　釋曰鄭知凡中內命婦唯有女御者據
上文外內命婦服唯有鞠衣已下此經上已云九嬪世婦
則內命婦中唯有女御也其外命婦中則有孤妻以下云
言及言凡殊貴賤也者言及者欲見九嬪賤於后言凡者
欲見外命婦及女御賤於世婦也云春秋之義王人雖微
者猶序於諸侯之上所以尊尊也者以其內命婦中女御
卑於世婦可以言凡以殊之於外命婦中有公孤卿大夫
之妻尊於女御而使外命婦揔入女御中言凡以殊之者
案僖公八年春王正月公會王人齊侯宋公以下盟於洮是
傳曰王人者何微者也曷爲序乎諸侯之上先王命也是
以微者即士以其天子中士已上於經見名氏天子下士
名氏不見今直云人是天子下士序在諸侯上是尊王命
若九嬪雖卑於三公夫人世婦卑於孤卿妻言凡以殊之
在上亦是尊尊此王之嬪婦也云臣之命者再命以上受
服則下士之妻不共也者此約大宗伯男子之服彼云一
命受職再命受服則天子上士三命中士再命乃受服天

子下士一命則不受故鄭云下則不共也云外命婦唯王祭祀賓客以禮佐后得服此上服者案此上經士妻禒衣大夫妻展衣案特牲生婦纚笄綃衣少牢主婦髲鬄衣侈袂士妻不衣禒衣大夫妻侈綃衣袂不衣展衣如其夫自於家祭降服是自於其家則降上經祭祀賓客共后之服是外命婦助后祭祀賓客乃服上服也

后之喪共其衣服凡內具之物 釋曰后喪所共衣服者正謂襲時十二稱小斂十九稱大斂百二十稱及內具之物 **注** 內具紛帨線纊鞶袠之屬 釋曰知內具之物是紛帨線纊鞶袠之屬者案內則婦事舅姑有紛帨線纊鞶袠故死者入壙亦兼有數物言之屬者案內則更有刀礪小觿之等故云之屬以揔之也

縫人掌王宮之縫線之事以役女御以縫

王及后之衣服釋曰云掌王宮之縫線之事者謂在王宮須裁縫者皆縫人縫之以役女御以縫王及后之衣服者役女御謂爲女御所使役而縫王及后衣服也注女御裁縫王及后之衣服則爲役助之宮中餘裁縫事則專爲焉鄭司農云線縷釋曰云女御裁縫王及后之衣服則爲役助之者釋經以役女御縫王及后之衣服之文也云宮中餘裁縫事則專爲焉者釋經掌王宮之縫線之事也

喪縫棺飾焉釋曰此喪以王爲主但是王家后世子已下亦縫棺飾焉注孝子既啓見棺猶見親之身既載飾而以行遂以葬若存時居于帷幕而加文繡喪大記曰飾棺君龍帷三池振容黼荒火三列黻三列素錦褚加僞荒纁紐六齊五采五貝黼翣二黻翣二畫翣二皆戴圭魚躍拂池君纁戴六纁披六此諸侯禮也禮器曰天子八翣諸侯六翣大夫四翣漢禮器制度飾棺天子龍火黼黻皆五列又有龍翣二其戴皆加璧故書焉爲馬杜子春云當爲焉

釋曰云孝子既啓見棺猶見親之身者鄭欲釋與棺爲飾
之意云既載飾而以行遂以葬者案既夕禮日側遂匠納
車於階間卻柩而下載之於蜃車之上乃加帷荒飾棺訖
乃還車向外移柩車去載處設祖奠明日旦乃更徹祖奠
設遣奠苞牲取下體乃引向壙故云既載飾而以行遂以
葬也云若存時居於帷幕而加文繡者幕人共帷幕幄帟
綬鄭注云在傍曰帷在上曰幕是存時居於帷幕而云加
文繡者生時帷幕無文繡今死恐衆惡其親更加文繡即
所引喪大記已下是也云君龍帷者鄭彼注畫龍爲帷云
三池者鄭云象生時有承霤以竹爲之闕於天子故有前
及左右而已云振容者謂於竹池之內畫揺雉於絞繒之
上垂之於下車行振動以爲容儀云黼荒者鄭云荒蒙也
謂車上蒙覆之黼白黑文於荒之四畔也火三列黻三列
黑與青謂之黻兩已相背火形如半環然列行也爲火形
三行謂兩已相背三行云素錦褚者謂幄帳諸侯以素錦
爲幄帳以覆棺上云加僞荒者僞即帷也既覆棺以褚乃

加帷加荒於其上云纁紐六者紐謂繫連帷荒以纁色爲
之左右各三紐并之六耳云齊五采五貝者謂於荒之中
央以五采繒爲之綴貝絡其上形如瓜瓣然黼翣二黻翣
二畫翣二者案彼注引漢禮翣方扇以木爲匡廣三尺兩
角高二尺四寸柄長五尺以布覆之爲白黑文則曰黼翣
以青黑文則曰黻翣爲雲氣則曰畫翣也云皆戴圭者謂
置圭於翣之兩角爲飾也云魚躍拂池者謂於池內懸銅
魚車行振動以拂池云纁戴六纁披六者謂於車輿兩廂
各豎三隻軨子戴值也謂以纁爲值䋎其軨子各使相值
因而繫前後披兩廂各使人持制之以備車之傾側也其
實兩廂各三而云六者人君禮文圍數而傍言六耳云此
諸侯禮也者天子無文故取諸侯法以推天子禮也云禮
器天子八翣已下者欲明天子加數之意云漢禮
器制度者亦明天子加數與喪大記不同之義也 **衣翣**

柳之材 釋曰翣即上注方扇是也柳即上注引喪大記
帷荒是也二者皆有材縫人以采繒衣纏之乃

後張飾於其上故必先纏衣其木乃以張飾也柳之言
云衣翣柳之材也注聚諸飾之所聚書曰分命和仲度西
曰柳穀故書翣柳作接櫝鄭司農云接讀爲翣櫝讀爲柳
皆棺飾檀弓曰周人牆置翣春秋傳曰四翣不蹕　釋曰
云柳之言聚諸飾之所聚者即龍帷黼荒火三列黻三列
之屬是也書曰者是濟南伏生書傳文故云度西曰柳穀
見今尚書云宅西曰昧谷度亦居也柳者諸色所聚日將
没其色赤兼有餘色故云柳穀引之者見柳有諸色又云
春秋襄二十五年左氏傳齊崔杼弑莊公側之於北郭丁
亥葬諸士孫之里四翣不蹕下車七乘是也引之者證有
翣義

掌凡内之縫事

也

染人掌染絲帛凡染春暴練夏纁玄

秋染夏冬獻功　釋曰云凡染春暴練者以春陽時
陽氣燥達故暴曬其練夏纁玄者

夏暑熱潤之時以朱湛丹秫易可和釋故夏染纁玄而爲祭服也秋染夏者夏謂五色至秋氣涼可以染五色也冬獻功者纁玄與夏摠染至冬功成並獻之於王也　注　暴練練其素而暴之故書纁作𥤹鄭司農云𥤹讀當爲纁纁謂絳也夏大也秋乃大染玄謂纁玄者謂始可以染此色者玄纁者天地之色以爲祭服石染當及盛暑熱潤始湛研之三月而后可用考工記鍾氏則染纁術也染玄則史傳闕矣染夏者染五色謂之夏者其色以夏狄爲飾禹貢曰羽畎夏狄是其摠名其類有六曰翬曰搖曰𩀱曰甾曰希曰蹲其毛羽五色皆備成章染者擬以爲深淺之度是以放而取名焉　釋曰云暴練練其素而暴之者素即絹也先練乃暴之此謂國家須練而用者非謂祭服若祭服則先染絲乃織之不得爲練也司農云纁謂絳也者絳即爾雅及鍾氏所云三入爲纁者是也云夏大也秋乃大染後鄭不從者下文有夏采及禹貢羽畎夏狄皆謂夏爲五色之翟玄謂纁玄者謂始可以染此色者以其石染當

及夏曰乃可爲之故云始可也云玄纁天地之色者案易
九事章云黄帝堯舜垂衣裳蓋取諸乾坤乾坤即天地之
色但天玄地黄而玄纁者土無正位託位南方火火色赤
與黄共爲纁也凡六冕之服皆玄上纁下故云以爲祭服
即祭義云玄黄之者是也云石染當及盛暑熱潤始湛研
之三月而后可用者並約考工記鍾氏職而言故彼云以
朱湛丹秫三月而熾之是以鄭云考工記鍾氏則染纁術
也鄭意以染纁鍾氏有其法術欲推出染玄無正文故云
染玄則史傳闕矣染玄雖史傳闕推約則有之故鄭注鍾
氏及士冠禮云玄則六入與是也云染夏者染五色者謂
夏即與五色雉同名夏故知染五色也故鄭即云謂之夏
者其色以夏狄爲飾是以繢人職云五色備謂之繡也引
焉云夏狄是其揔者直云夏狄不別云雉名故知是其揔
禹貢曰以下者畎谷也羽山之谷有夏之五色之翟雉貢
也云其類有六以下者是爾雅釋鳥文云其毛羽五色皆
備成章者即爾雅云伊洛之南素質五色皆備成章曰翬

江淮之南青質五色皆備成章曰搖𪇆比二者餘四者亦
然是其五色皆備成章也云染者擬以爲深淺之度是以
放而取名焉者但夏狄五色是自然之色今染五色者雖
擬以爲深淺之度染五色與雉同名故云是放而取名也

掌凡染事

追師掌王后之首服爲副編次追衡笄爲

九嬪及外内命婦之首服以待祭祀賓客

釋曰云掌王后之首服者對夏官弁師掌男子之首服首
服則副編次也云追衡笄者追治玉石之名謂治玉爲衡
笄也云爲九嬪及外内命婦之首服者此云及則與上内
司服同亦是言及殊貴賤九嬪下不言世婦文略則外命
婦中有三公夫人卿大夫等之妻内命婦中唯有女
御也云以待祭祀賓客者亦謂助后而服之也注鄭司農云

追冠名士冠禮記曰委貌周道也章甫殷道也牟追夏后
氏之道也追師掌冠冕之官故并主王后之首服副者婦
人之首服祭統曰君卷冕立于阼夫人副褘立于東房衡
維持冠者春秋傳曰衡紞紘綖玄謂副之言覆所以覆首
爲之飾其遺象若今步繇矣服之以從王祭祀編編列髮
爲之其遺象若今假紒矣服之以桑也次次第髮長短爲
之所謂髲髢服之以見王王后之燕居亦纚笄總而已追
猶治也詩云追琢其章王后之衡笄皆以玉爲之唯祭服
有衡垂于副之兩旁當耳其下以紞縣瑱詩云玼兮其之
翟也鬒髮如雲不屑髢也玉之瑱也是之謂也笄卷髮者
外內命婦衣鞠衣襢衣者服編衣褖衣者服次外內命婦
非王祭祀賓客佐后之禮自於其家則亦降焉少牢饋食
禮曰主婦髲鬄衣移袂特牲饋食禮曰主婦纚笄宵衣是
也昏禮女次純衣攝盛服耳主人爵弁以迎移袂褖衣之
袂凡諸侯夫人於其國衣服與王后同　釋曰司農云追
冠名者見士冠禮夏后氏牟追故引士冠爲證云追師掌

冠冕之官故并主王后之首服者此鄭意以追師掌作冠
冕弁師掌其成法若縫人掌縫衣别有司服内司服之官
相似故有兩官共掌男子首服也後鄭不從者此追師若
兼掌男子首服亦當如下屨人職云掌王及后之服屨兼
王爲文今不云王明非兩官共掌此直掌后巳下首服也
又引祭統者證副是首飾又引春秋者是桓二年臧哀伯
辭彼云衡紞紘綖則據男子之衡引證此者司農意男子
婦人皆有衡後鄭意亦爾但後鄭於此經無男子耳玄謂
副之言覆所以覆首爲之飾者副者是副貳之副故轉從
覆爲蓋之義也云其遺象若今步繇矣漢之步繇謂在首
之時行步繇動此據時目驗以曉古至今去漢久遠亦無
以知之矣案詩有副笄六珈謂以六物加於副上未知用
何物故鄭注詩云副既笄而加飾古之制所有未聞是也云
服之以從王祭祀者鄭意三翟皆首服副祭祀之中含先
王先公羣小祀故以祭祀揔言之也云編編列髮爲之者
此鄭亦以意解之見編是編列之字故云編列髮爲之云

其遺象若今假紒矣者其假紒亦是鄭之目驗以曉古至
今亦不知其狀也云服之以桑也者上注鞠衣以告桑此
下注及鄭荅志皆云展首服編此直據鞠衣服之以桑不
云展衣者文略其編亦兼於展衣也云次次第髮長短爲
之者此亦以意解之見其首服而云次明次第髮長短而
爲之云所謂髲髢者所謂少牢主婦髲髢即此次也言髲
髢者鬄髮也謂剪鬄取賤者刑者之髮而爲髢鄭必知三
翟之首服副鞠衣展衣首服編褖衣首服次者王之祭服
有六首服皆冕則后之祭服有三首服皆副可知昏禮女
次純衣純衣則褖衣褖衣而云次則褖衣首服次可知其
中唯有編明配鞠衣展衣也云服之以見王者上注展衣
云以禮見王則展衣首服編以禮見王此又云次以見王
者則見王有二一者以禮朝見於王與見賔客同則服展
衣與編也一者褖衣首服次接御見王則褖衣與次則此
注見王是也故二者皆云見王耳云王后之燕居亦纚笄
總而已者案士冠禮纚長六尺以韜髮笄者所以安髮總

者既繫其本又總其末燕居謂不至王所自在燕寢而居
時也案雞鳴詩云東方明矣朝既昌矣毛云東方明則夫
人纚笄而朝但諸侯夫人於國衣服與王后同而得服纚
笄而朝者此經云副編次以待祭祀賓客明燕居不得著
次自然著纚笄而毛云著纚笄朝者毛更有所見非鄭義
若然彼鄭不破之者以其纚笄燕居無正文故且從毛也
其實朝王時首服編也引詩追琢其璋者證追是治玉石
之名云王后之衡笄皆以玉爲之者以弁師王之笄以玉
故知后與王同用玉也弁師云諸公用玉爲瑱詩云玉之
瑱也據諸侯夫人夫人與君同用玉瑱明衡笄亦用玉矣
其三夫人與三公夫人同服翟衣明衡笄亦用玉矣其九
嬪命婦等當用象也云唯祭服有衡知者見經后與九嬪
以下別言明后與九嬪以下差別則衡笄唯施於翟衣取
鞠衣以下無衡矣又見桓二年哀伯云袞冕黻珽帶裳幅
舄衡紞紘綖並據男子之冕祭服而言明婦人之衡亦施
於三翟矣故鄭云唯祭服有衡也鞠衣已下雖無衡亦應

有紞以懸瑱是以著詩云充耳以素以青以黃是臣之紞以懸瑱則知婦人亦有紞以懸瑱也云垂于副之兩旁當耳其下以紞懸瑱者傳云衡紞紘綖與衡連明言紞爲衡設矣笄既橫施則衡垂可知若然衡訓爲橫既垂之而又得爲橫者其笄言橫據在頭上橫貫爲橫此衡在副旁當耳據人身豎爲從此衡則爲橫其衡下乃以紞懸瑱也引詩者彼鄘風注云玼鮮明貌鬒黑髮如雲言美長也屑用也髢髲也引之者證服翟衣首有玉瑱之義故云是之謂也其紞之采色瑱之玉石之別者婦得服翟衣者紞用五采瑱用玉自餘鞠衣以下紞則三采瑱用石知義然者案著詩云充耳以素鄭彼注云謂從君子而出至於著君子揖之時也我視君子則以素爲充耳謂所以懸瑱者或名爲紞織之人君五色臣則二色而已此言素者目所先見而云下云尚之以瓊華注云美石彼下經又云充耳以青充耳以黃據臣三色故云人君五色矣詩云玉之瑱據君夫人云用玉則臣之妻與夫同美石彼毛注以素爲象瑱

鄭不從者若素是象瑱又何以更云瑱華瑱英之事乎故鄭以爲紞也云笄卷髮者鄭注喪服小記亦云笄帶所以自卷持云外内命婦衣鞠衣襢衣者服編衣褖衣者服次知者案昏禮云女次純衣純衣則褖衣據士服爵弁親迎攝盛則士之妻服褖衣首服次亦攝盛褖衣旣首服次三翟首服副則鞠衣襢衣首服編可知云外内命婦非王祭祀賓客佐后之禮自於其家則亦降焉知者大夫妻服襢衣首服編士妻服褖衣首服次少牢特牲是大夫士妻特牲云主婦纚笄宵衣少牢云主婦髲鬄衣移袂但大夫妻移袂爲異又不服編故知自於其家則降是以即引少牢爲證耳云移袂褖衣之袂者此鄭覆解少牢主婦衣移袂者是移褖衣之袂上旣云移袂今又云移褖衣之袂不同者但士之妻服綃服褖衣助祭及嫁時不移其袂今大夫妻綃衣移而以褖衣袂者以大夫妻與士妻綃衣名同不得言移於綃衣之袂故取褖衣也云凡諸侯夫人於其國衣服與王后同者以其諸臣之妻有助后與夫人祭之事諸

侯夫人無助后之事故自於本國衣服得與王后同也所同者上公夫人得禕衣已下至褖衣禕衣從君見大祖褕翟從君祭羣廟闕翟從君祭群小祀鞠衣以告桑展衣以禮見君及賓客褖衣以接御侯伯夫人得褕翟已下褕翟得闕翟已下闕翟從君見大祖及羣廟與羣小祀鞠衣已從君見大祖及羣廟闕翟已下與上公夫人同子男夫人下與侯伯同並纚笄綃衣以燕居也二王之後與魯夫人亦同上公之禮故明堂位云季夏六月以禘禮祀周公於大廟夫人禕衣是也

喪紀共笄經亦如之

屨人掌王及后之服屨爲赤舄黑舄赤繶黃繶青句素屨葛屨釋曰云掌王及后之服屨者但首服在上尊又是陽多變是以追師與弁師男子婦人首服各别官掌之屨舄在下卑又是陰少變故男子婦人同官掌之也云爲赤舄

以下謂掌而營造之故云爲也赤舃者男子冕服婦人闕
翟之舃也黑舃者天子諸侯玄端服之舃赤繶巳下云繶
云句者欲言繶絇以表見其舃耳赤繶者是天子諸侯黑
舃之飾黃繶者與婦人爲玄舃之飾也青句者與王及諸
侯爲白舃之飾凡屨舃皆有絇繶純三者相將各言其一
者欲互見其屨舃故多舉一邊而言也素屨者大祥時所
服去飾也葛屨者自赤舃以下夏則用葛爲之若冬則
用皮爲之在素屨下者欲見素屨亦用葛與皮故也 注
屨自明矣必連言服者著服各有屨也複下曰舃禪下曰
屨古人言屨以通於複今世言屨以通於禪俗易語反與
舃屨有絇有繶有純者飾也鄭司農云赤繶黃繶以赤黃
之絲爲下緣士喪禮曰夏葛屨冬皮屨皆繶緇純禮家說
繶亦謂以采絲礫其下玄謂凡屨舃各象其裳之色士冠
禮曰玄端黑屨青絇繶純素積白屨緇絇繶純爵弁纁屨
黑絇繶純是也王吉服有九舃有三等赤舃爲上冕服之
舃詩云王錫韓侯玄衮赤舃則諸侯與王同下有白舃黑

舄王后吉服六唯祭服有舄玄舄爲上禕衣之舄也下有
青舄赤舄鞠衣以下皆屨耳句當爲絇聲之誤也絇繶純
者同色今云赤繶黄繶青絇雜互言之明舄屨衆多反覆
以見之凡舄之飾如繢之次赤繶者王黑舄之飾黄繶者
王后玄舄之飾青絇者王白舄之飾言繶必有絇純言絇
亦有繶純三者相將王及后之赤舄皆黑飾后之青舄白
飾凡屨之飾如繡次也黄屨白飾白屨黑飾黑屨青飾絇
謂之拘著舄屨之頭以爲行戒繶縫中紃純緣也天子諸
侯吉事皆舄其餘唯服冕衣翟著舄耳士爵弁纁屨黑絇
繶純尊祭服之屨飾從繢也素屨者非純吉有凶去飾者
言葛屨明有用皮時　釋曰云屨自明矣必連言服者著
服各有屨也者屨舄從裳色裳既多種故連言服也云複
下曰舄禪下曰屨者下謂底複重底重底者名曰舄禪底
者名曰屨也無正文鄭目驗而知也云古人言屨以通於
複者首直云屨人不言舄及經舄屨兩有是言屨通及舄
周公即古人也故云古人言屨以通於複也云今世言屨

以通於禪者謂漢時爲今世但漢時名複下者爲屨并通
得下禪之屨故云俗易語反與云與者無正文鄭以意解
之故云與以疑之也云舃屨有絇有繶有純者飾也者言
繶是牙底相接之縫綴絛於其中言絇謂屨頭以絛爲鼻
純謂以絛爲口緣經不云純者文略也鄭司農云赤繶黃
繶以赤黃之絲爲下緣者此即牙底相接之縫也引士喪
禮者證繶爲下緣云皆繶緇純者葛屨皮屨皆有繶也緇
純純用緇則繶絇亦用緇色也玄謂凡屨舃各象其裳之
色者屨舃與裳俱在下體其色同制舃屨與裳色同也引
士冠禮者證屨同裳色云玄端黑屨者凡玄端有上士玄
裳中士黃裳下士雜裳今云黑屨者據玄裳爲正也云青
絇繶純者屨飾從繢次也云素積白屨者皮弁服素積以
爲裳故曰屨也云緇絇繶純者亦飾從繡次也云爵弁纁
屨黑絇繶純者鄭云尊祭服飾從繢次言是也者是屨從
裳色之義也云王吉服有九者前司服六冕與韋弁皮弁
冠弁是也云舃有三等者謂赤舃黑舃白舃也云赤舃爲

正冕服之舄者此經先言赤舄是舄中之上是六冕之舄也引詩者是韓侯之詩也玄衮者冕服皆玄上纁下而畫以衮龍云赤舄者象纁裳故也引之者證諸侯得與王同有三等之舄赤舄爲上也云下有白舄黑舄者白舄配韋弁皮弁黑舄配冠弁服案司服注韋弁以韎韋爲弁又以爲衣裳則韋弁其裳以韎之赤色韋爲之今以白舄配之其色不與裳同者鄭志及聘禮注韋弁服皆云以素爲裳以無正文鄭自兩解不定故得以白舄配之冠弁服則諸侯視朝之服是以燕禮記云燕朝服鄭云諸侯與其羣臣日視朝之服也謂冠玄端緇帶素韠白屨也白屨即與皮弁素積白屨同今以黑舄配之不與裳同色者朝服與玄端大同小異皆玄冠緇布衣而裳有異耳若朝服則素裳白屨若玄端之裳則玉藻云韠君朱大夫素士爵韋是韠從裳色則天子諸侯朱裳大夫素裳皆不與裳同色者但天子諸侯舄有三等玄端既不得與祭服同赤舄若與韋弁皮弁同白則黑舄無所施故從上士玄裳爲正而黑舄也大夫玄端素裳亦從玄裳黑屨矣云王

后吉服六唯祭服有舄者以王舄有三后舄不得過王故知
后舄亦三等但冕服有六其裳同故以一舄配之后翟三等
連衣裳而色各異故三翟三等之舄配之云玄舄爲上褘衣
之舄也下有青舄赤舄者玄舄配褘衣則青舄配揄翟赤舄
配闕翟可知云鞠衣以下皆屨耳者六服三翟既以三舄配
之且下文命夫命婦唯言屨不言舄故知鞠衣以下皆屨也
云句當爲絇知者以此屨舄無取句之義案士冠禮皆云絇
故知當爲絇云絇繶純者同色知者案士冠禮三冠絇繶純
各自同色故也云今云赤繶黄繶青絇雜互言之明舄屨衆
多反覆以見之者以其男子有三等屨舄婦人六等屨舄若
具言其屨舄於文煩故雜互見之明其衆多也云凡舄之飾
如繢之次者無正文此約皮弁白屨黑絇繶純白黑北方爲
繡次爵弁纁屨黑絇繶純黑與纁南北相對尊祭服故對方
爲繢次也以此而言則知凡舄皆不與屨同而爲繢次可知
云赤繶者王黑舄之飾者以其舄飾從繢之次赤是南方火
色與北方黑對方更無青屨取赤爲繶知是王黑舄之飾也

云黃繶者王后玄舄之飾者以其天玄與地黃相對爲繢
次故知是王后玄舄之飾也上公夫人得服禕衣者亦得
玄舄也云青絇者王白舄之飾者亦以對方飾之亦得與
禒衣黑屨爲飾但據舄尊者而言王亦與諸侯白舄爲飾
也云言繶必有絇純言絇亦有繶純三者相將者以士冠
禮三冠各有絇繶純故知三者相將但經互見故各偏舉
其一耳云王及后之赤舄皆黑飾后之青舄白飾者以舄
皆對方以繢次爲飾故義然也云凡屨之飾如繡次也者
亦約士冠禮白屨黑絇繶純之等而知也云黃屨白飾白
屨黑飾黑屨青飾者此據婦人之屨鞠衣已下之屨故有
黃屨黑屨也以屨從繡次爲飾故知義然也云絇謂之拘
著於舄屨之頭以爲行戒者鄭注士冠亦云絇之言拘也
以爲行戒狀如刀衣鼻在屨頭言拘取自拘持爲行戒者
謂使低目不妄顧視也云其餘唯服冕衣翟著舄耳者服
冕謂后以下婦人也云素屨者非純吉有凶去飾者下經
注散屨與此素屨同是大祥時則大祥除衰杖後身服素

縞麻衣而著此素屨故云非純吉言去飾者經素屨不云繶純故知去飾無絇繶純也云言葛屨明有用皮時者士冠禮云夏葛屨冬皮屨此經云葛屨據夏而言若冬明用皮故鄭云有用皮時也

辨外內命夫命婦之命屨功屨散屨

釋曰上明王及后等尊者舄屨訖此明臣妻及嬪已下之屨也言外內命夫案肆師職云禁外內命男女之衰不中法者鄭彼注外命男六鄉以出也內命男朝廷卿大夫士也其妻爲外命女彼外內命男則此外內命夫若然此外內命夫其妻爲外命婦鄭雖不注亦與彼同也內命婦自是九嬪以下也

注命夫之命屨纁屨命婦之命屨黃屨以下功屨次命屨於孤卿大夫則白屨黑屨九嬪內子亦然世婦命婦以黑屨爲功屨女御士妻命屨而已士及士妻謂再命受服者散屨亦謂去飾

釋曰云命夫之命屨者以其經不云舄唯云屨大夫以上衣冠則有命舄無命屨故知命屨中唯有屨而已士之命服爵

弁則纁屨故云命屨纁屨而已云命婦之命屨黃屨以下
者以其外命婦孤妻已下内命婦九嬪已下不得服舄皆
自鞠衣以下故云黃屨以下言以下者兼有卿大夫妻及
二十七世婦皆展衣白屨士妻與女御皆褖衣黑屨故云
以下以廣之云功屨次命屨於孤卿大夫則白屨黑屨者
案司服孤希冕卿大夫玄冕皆以赤舄爲命舄以下仍有
韋弁白屨冠弁黑屨故云次命屨命屨據婦人而言其實
孤卿大夫身則功屨次命舄也云九嬪内子亦然者九嬪
與孤妻内子既以黃屨爲命屨功屨之中有禮衣白屨褖
衣黑屨故云亦然云世婦以黑屨爲功屨者以其皆以禮
衣白屨爲命屨其功屨唯有褖衣黑屨也云女御士妻命
屨而已者以二者唯有褖衣黑屨爲命屨故云命屨而已
云士及士妻謂再命受服者案大宗伯云一命受職再命
受服但公侯伯之士一命子男之士不命及王之下士皆
受職不受服王之中士再命上士三命已上乃受服受服
則并得此屨故云再命受服者也云散屨亦謂去飾者據

臣言散卽上之素皆是無飾互換而言故云謂去飾者也鄭志趙商問司服王后之六服之制自不解請圖之荅曰大裘衮衣鷩衣毳衣絺衣玄衣此六服皆纁裳赤舄韋弁衣以韎皮弁衣以布此二弁皆素裳白舄冠弁服黑衣裳而黑舄冠弁玄端禕衣玄舄首服副從王見先王褕翟青舄首服副從王見先公闕翟赤舄首服副從王見羣小祀鞠衣黄屨首服編以告桑之服禮衣白屨首服編以禮見王之服禒衣黑屨首服次以御於王之服后服六翟三等三舄玄青赤鞠衣以下三屨黄白黑

凡四時之祭祀

婦人質不殊裳屨舄皆同裳色也

以宜服之 釋曰言以宜服之者謂各以尊卑所宜之服服之 **注** 祭祀而有素屨散屨者唯大祥時

釋曰鄭知此經四時祭祀含有素屨散屨者以此經四時祭祀揔結上文諸屨故知有此二屨也云唯大祥時者此據外内命夫爲王斬衰而言初死著菅屨卒哭與齊衰初死同疏屨既練與大功初死同繩屨大祥與小功初

死同吉屨無絇吉屨無繶純是以上經注云非純吉
故云唯大祥時也但上經據畢云散散與素一也

夏采掌大喪以冕服復于大祖以乘車建綏復于四郊

釋曰大喪謂王喪也云以冕服復
于大祖者謂初死屬纊絕氣之後
即以冕服自衮冕以下六冕及爵弁皮弁之等復謂招魂
復者各依命數天子則十二人各服朝服而復於大祖之
廟當升自東霤北面履危西上云皐天子復如是者三乃
卷衣投於前有司以篋受之升自阼階入衣於尸復而不
蘇乃行死事也故云復於大祖也云以乘車建綏復於四
郊者以冕服不出宮旌旗之綏又是行道之物故乘玉路
之乘車建綏而復於四郊也必於大祖四郊
者欲死者復蘇故於平生有事之處皆復也

注 求之王平
生常所有
事之處乘車玉路於大廟以冕服不出宮也四郊以綏出
國門此行道也鄭司農云復謂始死招魂復魄士喪禮曰

士死于適室復者一人以爵弁服升自東榮中屋北面招以衣曰臯某復三降衣于前受用篋升自阼階以衣尸喪大記曰復男子稱名婦人稱字唯哭先復言死而哭哭而復冀其復反故檀弓曰復盡愛之道也望反諸幽求諸鬼神之道也北面求諸幽之義也檀弓又曰君復於小寢大寢小祖大祖庫門四郊喪大記又曰復者朝服君以卷夫人以屈狄大夫以玄赬世婦以襢衣士以爵弁士妻以稅衣雜記曰諸侯行而死於館則其復如於其國如於道則升其乘車之左轂以其綏復大夫死於館則其復如於家死於道則升其乘車之左轂以其綏復喪大記又曰爲賓則公館復私館不復夏采天子之官故以冕服復于大祖以乘車建綏復于四郊天子之禮也大祖始祖廟也故書綏爲禮杜子春云當爲綏禮非是也玄謂明堂位曰凡四代之服器魯兼用之有虞氏之旂夏后氏之綏則旌旂有是綏者當作綏字之誤也綏以旄牛尾爲之綴於橦上所謂注旄於干首者王祀四郊乘玉路建大常今以之復去

其旒畢之於生亦因先王有徒緌者士冠禮及玉藻冠緌
之字故書亦多作緌者今禮家定作蕤　釋曰云求之王
平生常所有事之處者鄭欲廣解所復之處故云平生以
總之天子七廟此經直云大祖大祖則后稷廟也餘六廟
此不云復案祭僕云大喪復于小廟注云小廟高祖以下
是親廟四也其五寢則隸僕復故隸僕職云大喪復於小
寢大寢注小寢高祖以下廟之寢也始祖曰大寢唯二祧
無復文者案祭法親廟四與大祖皆月祭二祧享嘗乃止
無月祭則不復也禮記檀弓云復於小祖大祖庫門四郊
周禮不言五門者文不具云乘車玉路者案巾車云王路
以祀祭天地於郊用玉路明於四郊復乘玉路可知云于
四郊者實小宗伯云兆五帝於四郊平生在四郊郊事神
之處故復之也云於大廟以冕服不出宮也者鄭欲見於
四郊不用冕服之意也云四郊以綏出國門行道也者案
巾車云一曰玉路建大常十有二斿以祀故云以綏出國
門此行道對在廟用冕也鄭司農云復謂始死招魂復魄

者精氣爲魂耳目聰明爲魄人死魂氣上去故招之而復
之於魄也自士喪以下至私館不復引此諸文者先鄭意
禮記諸言復皆與此經復事同故皆引爲證也云士死於
適室者適室則適寢也大夫士謂之寢天子諸侯謂之路
寢也云復者一人者命士不命之士皆一人若大夫以上
皆依命數也云以爵弁者凡復者皆用上服故用士助祭
之服云升自東榮者升屋從東榮而上天子諸侯言東霤
皐謂長聲而言又引喪大記復男子稱名婦人稱字者男
子稱名據大夫士若天子稱天子復諸侯稱某甫臣不名
君故也引喪大記云君以卷夫人以屈狄者彼注云君以
卷謂上公也夫人以屈狄謂子男夫人若上公夫人用褘
衣子男則用毳互見之者欲揔五等諸侯及夫人也云大
夫以玄頳世婦以襢衣者頳赤也謂纁裳則玄冕也世婦
謂君之世婦不言命婦與姪娣亦互見爲義也玄謂引明
堂位八四代之服器魯兼用之者鄭欲推出綏是有虞氏
旌故也云有虞氏之旂夏后氏之綏者彼注云有虞氏當

言緌夏后氏當言旍云則旌旍有是綏者當作緌字之誤也者旍旍有是綏謂糸傍著妥此非字之體故破之云當作緌爲糸傍著委故云字之誤也云緌以旄牛尾爲之綴於橦上所謂注旄於干首者爾雅云注旄於干首是也案鍾氏染鳥羽以爲王后之車飾亦爲旌旗之綏則旌旗亦有鳥羽獨云旄牛尾舉一邊而言其實兼有也云王祀四郊乘玉路建大常者此巾車文云今以之復去其旒異於生者生時九旗有緌有旒今死去旒是異有虞氏也徒空也有虞氏空緌未有在下旍旒故云徒緌也云士冠禮及玉藻冠緌之字者欲見二冠緌之字與此旌旗之緌字同也云故書亦多作緌者謂作糸傍委也云今禮家定作蕤者謂今説禮之家定作蕤謂爲蕤賓之蕤必定緌作蕤者蕤賓在午月一陰爻生陰氣委蕤於下故旌旗之緌亦定作蕤也

周禮疏卷第八

周禮疏卷第九

唐朝散大夫行太學博士弘文館學士臣賈公彥等撰

地官司徒第二鄭目錄云象地所立之官司徒主衆徒地者載養萬物天子立司徒掌邦教亦所以安擾萬民釋曰既言象地所立則此六十官皆法地與天官言象天義異矣

惟王建國辨方正位體國經野設官分職以爲民極釋曰六官皆有此叙者欲見六官所主雖異以爲民極是同故也乃立地官司徒使帥其屬而掌邦教以佐王安擾邦國釋曰此經所云爲立官之意六官亦同有此語唯地官司徒與安擾之字不同欲見所主雖曰有殊

佐王之事注教所以親百姓訓五品有虞氏五而周十有
是一故也二焉擾亦安也言饒衍之 釋曰云教所以
親百姓者案尚書舜典云帝曰契百姓不親五品不遜汝
作司徒敬敷五教在寬彼舜欲使契布五教親百姓遜五
品是鄭君所取義也但五教據所施而言五品據人品列
有五所從言之異其義一也云有虞氏五而周十有二焉
者有虞氏五即舜典所云敬敷五教又文十八年云舜臣
堯舉八元使敷五教于四方父義母慈兄友弟恭子孝是
也而周十有二者據司徒之職云一曰以祀禮教敬以下
是也案成王周官云司徒敷五典擾兆民則周亦有五教
而云至周十有二者鄭據此周禮之文言十二以對於虞
其實五中雖不含十二亦含有五云擾亦安也言饒衍之
者以言饒益衍長亦是安義以其民為邦本不安則散特
須安而復安故云擾亦安也案天官教典鄭注擾為馴者
以其司徒主教教使馴
順馴亦是安之義也

教官之屬大司徒卿一

人小司徒中大夫二人鄉師下大夫四人上士八人中士十有六人旅下士三十有二人府六人史十有二人胥十有二人徒百有二十人釋曰上經說立官之意此經說立官尊卑相副貳云教官之屬者自此以下至槀人揔六十官皆是教官之屬若然教官揔目於下也云大司徒卿一人六命小司徒中大夫二人四命鄉師下大夫四人與小司徒同四命分爲中下上士八人三命中士十有六人冊命旅下士三十有二人一命自此已上皆得王命謂之王臣以卑佐尊尊少卑多各與上一倍云府六人至藏文書史十有二人主作文書胥十有二人爲什長徒百有二十人給徭役此四者皆不得王命官長所自辟除者也

注師長也司徒掌六鄉鄉師分而治之二人者共

三鄉之事相左右也　釋曰此鄉師司徒之老謂之鄉師者謂佐司徒主六鄉亦與在下民臣爲長故云師長也云司徒掌六鄉者案下云鄉老二鄉則公一人已下是主六鄉之事云鄉師分而治之者以其鄉師佐司徒主六鄉故言分而治之以鄉有六其人有四故二人共三鄉云相左右者左右助也以其二人共主三鄉不得各專其鄉事故相助而已

鄉老二鄉則公一人鄉大夫每鄉卿一人州長每州中大夫一人黨正每黨下大夫一人族師每族上士一人閭胥每閭中士一人比長五家下士一人　釋曰鄉老者謂三公案下曲禮三公於諸侯曰

天子之老此鄭注云老尊稱未必是年老二鄉則公一人者在朝三公八命即典命云三公八命是也分陜而治則九命則大宗伯云九命作伯是也鄉大夫每鄉卿一人者六鄉則鄉六人各主一鄉之事然揔屬司徒非六官與兼鄉大夫知者以鄭注大司馬云軍吏選於六官六鄉之吏爲之既六官六鄉並言故知别置州長每州中大夫一人者每鄉有五州州長以中大夫爲之亦四命黨正每黨下大夫一人者五黨爲州黨正使下大夫爲之亦四命族師每族上士一人者五族爲黨族師使上士一人爲之亦三命閭胥每閭中士一人者四閭爲族巷門爲閭胥有才智之稱閭胥使中士一人爲之亦再命比長五家下士一人者五比爲閭比長使下士一人爲之亦一命特言五家者明閭胥已上至鄉皆有家數故其職云五家爲比五比爲閭四閭爲族五族爲黨五黨爲州五州爲鄉從少至多故於比言五家爲本也

注 老尊稱也王置六鄉則公有三人也三公者內與王論道中參六官之事外與六鄉之教

其要爲民是以屬之鄉焉州黨族閭比鄉之屬別正師胥皆長也正之言政也師之言帥也胥有才智之稱載師職曰以官田牛田賞田牧田任遠郊之地司勳職曰掌大鄉之賞地六鄉地在遠郊之內則居四同鄭司農云百里內爲六鄉外爲六遂　釋曰言老尊稱也者以其天子所父事三老者同名故云老尊稱也云王置六鄉則公有三人也者於周禮不見公之人數六鄉之數周禮有其文此經云二鄉則公一人明知公有三人案成王周官立大師大傅大保茲惟三公亦是公有三人之事云三公者內與王論道者成王周官云茲惟三公論道經邦考工記云坐而論道謂之王公鄭雖言天子諸侯公中亦含三公是其內與王論道也云中參六官之事者案書傳云天子三公一曰司徒公二曰司馬公三曰司空公彼注云周禮天子六卿與大宰司徒同職者則謂之司徒公與宗伯司馬同職者則謂之司馬公與司寇司空同職者則謂之司空公一公兼二卿舉下以爲稱是其中參六官之事云外與六

鄉之教即此經是也云其要爲民所以屬之鄉焉者三公無正職是以三百六十官之中不見三公之任唯此六鄉之內而言三公故云屬之鄉焉不言三孤者以其佐公論道三公有事之所亦有三孤故不言之云州黨族閭比鄉之屬別者正者皆屬於鄉而名號有別也云正師胥皆長也者自州已下至比長五官州比自稱長矣唯有黨正族師閭胥不言長故鄭云正師胥皆長也云正之言政也者取施政教者先自正故也云師之言帥也者以其帥領百家故言帥也云胥有才智之稱者此釋閭胥以其有才智故爲中士以領一閭雖不稱長亦有長義引載師職云賞田任遠郊之地又引司勳職言掌六鄉之賞地者欲見賞地在六鄉之中同在遠郊之內云六鄉地在遠郊之內則居四同者案司馬法王城百里爲遠郊於王城四面則方二百里開方之二二如四故云居四同言此者破賈馬六鄉之地在遠郊五十里內五十里外置六遂鄭司農云百里內爲六鄉外爲六遂者司徒掌六鄉在百里內上以釋

訖百里外爲六遂以其遂人掌六遂案遂人職云掌邦之野郊外曰野故知百里外爲六遂

封人中士四人下士八人府二人史四人胥六人徒六十人注聚土曰封謂壝埒及小封疆也釋曰封人在此者以其掌設王之社壝及畿封又大司徒設社稷壝相左右故在地官而爲職首也胥徒多者以其畿封事廣故也

鼓人中士六人府二人史二人徒二十人釋曰鼓人在此者以其主教六鼓四金以是教官故在此也

舞師下士二人胥四人舞徒四十人釋曰舞師在此者以其主教野人之舞亦是教官之類故也若然樂師亦教舞不在此者彼教國子學樂必須合於禮故入春官也

注舞徒給繇役能舞者以爲之　釋曰餘官直言徒此官徒言舞者徒是給繇役之人今兼云舞即徒中使能舞者以充徒數也

牧人下士六人府一人史二人徒六十人　釋曰牧人在此者以其掌牧六牲以供祭祀亦是地事故也

注牧人養生於野田者詩云爾牧來思何蓑何笠或負其餱三十維物爾牲則具　釋曰鄭云養牲於野田者對充人養牲於國中又引詩曰者謂無羊詩美宣王之事也爾宣王牧人來之時荷揭蓑之與笠蓑所以禦雨笠所以禦暑或負其餱糧也三十唯物物色也異毛色者三十爾宣王牲則備矣引之者以證牧人牧六牲之事也

牛人中士二人下士四人府二人史四人胥

二十人徒二百人注主牧公家之牛者詩云誰謂爾無牛九十其犉犉者九十其餘多矣

釋曰主牧公家之牛者亦是地事又鄭下注云牛能任載地之類故在此也詩云者亦無羊詩言誰謂爾宣王無牛九十其犉黃牛黑脣曰犉云犉者九十其餘多矣者證經牛多故徒有二百人牧之也

充人下士二人史二人胥四人徒四十人注充猶肥也養繫牲而肥之

釋曰祭祀之牲本以諸官堪入祭祀者送付牧人至祭前三月選入充人芻之使之肥充故其職云祀五帝則繫于牢芻之三月故與牧人連類在此也

載師上士二人中士四人府二人史四人胥六人徒六十人

釋曰案其職云掌任土之法以物地事皆是土地之事故在此注載之

言事也事民而稅之禹貢曰冀州既載載師者閭師縣師遺人均人官之長　釋曰鄭知事民而稅之者案其職上云任土之法下云近郊什一之等是其任民而稅之者也云禹貢曰冀州既載引之者彼是禹治洪水訖事而稅之引之證此事民之類也云載師者閭師縣師遺人均人官之長者以其閭師縣師徵斂之官所斂之賦有入遺人者均人主當地守地職皆與載師事通故載師與之爲長

閭師中士二人史二人徒二十人　注主徵六鄉賦貢之稅者鄉官有州黨族閭比正言閭者徵民之稅宜督其親民者凡其賦貢入大府穀入倉人　釋曰知主徵六鄉賦貢之稅者案其職云任農以耕事貢九穀任圃以樹事貢草木六鄉之內有二十五家爲閭今以閭爲名故知閭師主徵六鄉賦貢者也云鄉官有州黨族閭比正言閭者徵民之稅宜篤其親民者鄉官有五者之名正取二十五家爲閭以爲

徵斂之官號者徵民之稅恐不能細委其民故以近民之官爲號云凡其賦貢者此貢非是大宰九貢正是九職之貢即其職云任農以耕事貢九穀之類是也此云賦謂大宰九賦之内則國中四郊二者是也故其職云掌國中及四郊之人民六畜之數又云凡無職者出夫布是其九職之内故云凡其賦貢入大府故大府職云掌九賦九貢者功之貳以受其貨賄之入焉云穀入倉人者案倉人云掌粟入之藏故知穀入倉人也

縣師上士二人中士四人府二人史四人胥八人徒八十人

注主天下土地人民已下之數徵野賦貢也名曰縣師者自六鄉以至邦國縣居中焉鄭司農云四百里曰縣

釋曰主天下土地人民已下之數者案其職云掌邦國都鄙稍甸郊里之地域辨其夫家六畜車輦是其主天下土地人民已下之數人民之外仍有六畜車輦故言已下云徵野賦貢也者案其職云

以歲時徵野之賦貢郊外曰野以其二百里外至邦國以
其地廣縣師徵之旅師斂之徵斂別官百里之內六鄉之
中閭師徵之閭師斂之以其地狹徵斂同官又云名曰縣
師者自六鄉以至邦國縣居中焉自百里以至邦國分爲
五等二百里曰甸三百里曰稍四百里曰縣五百里曰都畿外
邦國是其縣居中焉以其徵外內之賦舉中爲名鄭雖言
自六鄉六鄉仍舊郊內據六鄉已外而言鄭司農云四百
里曰縣者據載師職小都任縣地在四百里中故云四百
里曰縣此縣師與閭師並在此者以
其徵斂地稅故與載師連類在此

遺人中士二人下士四人府二人史四人胥四
人徒四十人 釋曰在此者案其職云掌邦之委積
以待施惠故與徵斂之官連類在此 注鄭司
農云遺讀如詩曰棄予如遺之遺玄謂以物有所饋遺 釋
曰先鄭云遺讀如詩曰棄予如遺之遺者此小雅谷風詩

彼謂朋友道絶相棄如遺忘物亡謂以物有所饋遺者此是將物與人非是遺忘之事故不從先鄭也

均人中士二人下士四人府二人史四人胥四人徒四十人釋曰均人在此者案其職云掌均地政注均地守均地職皆是土地之事故在此均猶平也主平土地之力政者釋曰知平土地之力政者案其職均地職巳下更有均人民牛馬車輦之力政是其平土地力政者也

師氏中大夫一人上士二人府二人史二人胥十有二人徒百有二十人釋曰師氏在此者以其主教與地官掌十二教同故亦在此以其教國子有道藝故使中大夫尊官爲之也其徒百有二十人者以其國子人多使役處衆故

其錄多矣 注 師教人以道者之稱也保氏司諫司救官之長鄭司農云詩云楀維師氏 釋曰寔其職云以三德教國子一曰至德以爲道本是其教人以道者爲稱也云保氏司諫司救官之長者以其保氏佐師氏教國子以其司諫諫萬民司救救萬民皆是教之義故師氏與爲長鄭司農云詩云楀惟師氏者此詩小雅刺幽王之詩其臣氏曰楀者惟作師氏之官引之者證與此師氏同也

保氏下大夫一人中士二人府二人史二人胥六人徒六十人

釋曰保氏在此者以其佐師氏教國子亦是教官故在此旣與師氏同教國子官與府史別者以其教國子雖同館舍別所故置官有異 注 保安也以道安人者也書叙曰周公爲師召公爲保相成王爲左右聖賢兼此官也 釋曰云以道安人者也者人則是國子也案其職云掌教國子以

道人有道則安故云以道安人者也此師氏保氏皆稱氏
者案鄭下注云官有世功則以官族此二官父祖以來皆
以道教國子世爲師氏保氏之官則賜之以氏曰師氏保
氏自此已下官稱氏者皆此類也云書叙曰周云爲師召
公爲保相成王爲左右者此是尚書君奭篇叙云聖賢兼
此官也者召公爲賢周公爲聖此二人爲三公分陝以其
周公聖下兼此師氏官召公爲賢下兼此保氏官故云聖
賢兼此官此鄭君之意謂三公之號無師保之名兼此二
官得師保之稱鄭志趙商問案成王周官立大師大傅大
保玆惟三公即三公之號自有師保之名成王周官是周
公攝政三年事此周禮是周公攝政六年時則三公自名
師保起之在前何也鄭荅曰周公左召公右兼師保初時
然矣若如此解周公兼師在成王周官前故成王周官稱
三公爲大師大傅大保若然大傅者畢公爲之兼世子之
官故稱大傅是以文王世子云大傅在前少傅在後
若孔君之義三公之號自名師保不由兼師氏保氏

司諫中士二人史二人徒二十人 釋曰司諫在此者案其職云掌糾萬民之德勸之朋友正其行而強之道藝此官則主諫萬民亦是敎之義此官徒二十人無胥者以得徒則了不假長帥上下文有徒無胥者皆此類故無胥也 注諫猶正也以道正人行 釋曰鄭訓諫爲正言以道正人行者案其職云正其行故鄭就而解之

司救中士二人史二人徒二十人 注救猶禁也以禮防禁人之過者也 釋曰案其職云掌萬民之衺惡過失而誅讓之以禮防禁而救之是其以禮防禁人之過者亦是敎之類故在此

調人下士二人史二人徒十人 注調猶和合也 釋曰言調人者鄭云

調猶和合也人相殺傷共其難者此調人和合之在此者會赦之後設教使之相避是教官之類故在此

媒氏下士二人史二人徒十人 釋曰媒氏在此者集略云配儷男女取地道生息故在此也 注媒之言謀也謀合異類使和成者今齊人名麴麩曰媒 釋曰言謀合異類使和成者異類謂別姓三十之男二十之女和合使成婚姻云今齊人名麴麩曰媒者麴麩和合得成酒醴名之曰媒言此者欲見媒合異姓得名爲媒之意

司市下大夫二人上士四人中士八人下士十有六人府四人史八人胥十有二人徒百有二十人 釋曰案其職云掌市之治教政刑量度禁令以其事治教即教官之類又市以聚人猶地

之容衆故在此以其市官之長經紀事大故使下大夫尊官爲之也屬官及胥徒又衆也注司市市官之長釋曰市官謂質人已下至泉府司市與之爲長也

質人中士二人下士四人府二人史四人胥二人徒二十人注質平也主平定物賈者釋曰在此者案其職云掌成市之貨賄人民牛馬鄭彼注成平也此注質平也主平定物賈者故亦與司市連類在此

廛人中士二人下士四人府二人史四人胥二人徒二十人釋曰在此者案其職云掌斂市之欽布總布質布罰布廛布五種之泉入于泉府故與司市連類在此也注故書廛爲壇杜子春讀壇爲廛說云市中空地玄謂廛民居區域之稱釋曰子春

讀壇爲廛不從故書於義是也又說云市中空地以解廛
則於義非也故後鄭不從玄謂廛民居區域之稱者見遂
人云夫一廛田百畝及載師廛里任國中之地皆是民之
所居區域又其職有廛布謂貨賄停儲邸舍之稅即市屋
舍名之爲廛不
得爲市中空地

胥師二十肆則一人皆二史 釋曰自胥
師至司稽皆是府史之類非是命士已上其職云平其貨
賄胥者有才智之稱師長也肆謂行列胥師二十肆則一
人皆有二史副
之助作文書

賈師二十肆則一人皆二史

司虣十肆則一人司稽五肆則一人胥

二肆則一人肆長每肆則一人 賈師知物價
者其職云凡
國之賣儥各帥其屬而嗣掌其月亦二十肆則一人亦二
史副之 司虣司猶主也主任市虣亂十肆則一人 司

稽司主也主在市稽留之人不時去者五肆則一人胥二
肆則一人者此謂市中給繇役少有才智者屬胥師肆長
謂行頭每肆則一人自胥師以及司稽皆司市所自辟除
亦是市中給繇役者注也胥及肆長市中給繇役者胥師領
羣胥賈師定物賈司暴禁暴亂司稽察留連不時去者釋
曰知胥師及司稽皆司市所自辟除者以其胥師越賈師
等領羣胥則知胥師等並非官賈師與胥師同二十肆則
一人二史賈師非官明胥師亦非官也故知皆司市所自
辟除也又知胥及肆長是給繇役者以其司稽已上是府
史之類明此二者與胥徒同是給繇役者也又知胥師領
羣胥者以其同名爲胥二肆則一人其數
衆多明有所屬故知胥爲胥師所領也
泉府上士四人中士八人下士十有六人府
四人史八人賈八人徒八十人釋曰在此者案其職云掌以市之征

布故與司市連類在此注鄭司農云故書泉或作錢釋曰泉與錢今古異名故後鄭引之得通一義

司門下大夫二人上士四人中士八人下士十有六人府二人史四人胥四人徒四十人每門下士二人府一人史二人徒四人釋曰司門在此者案其職云正其貨賄凡物犯禁者舉之以其掌貨賄與司市相連故亦在此注司門若今城門校尉主王城十二門釋曰案經有每門下士二人據在門開閉者此司門鄭云若今城門校尉則是都司揔監十二門官故舉漢法況之知王城有十二門者案匠人云營國九里旁三門四面各三門是有十二門鄭注云十二門以通十二子十二子則十二辰也

司關上士二人中士四人府二人史四人胥八

人徒八十人每關下士二人府一人史二人徒四人釋曰在此者案其職云掌國貨之節以連關市故同與市連類在此此司關亦是捴檢校十二關所司在國內下云每關下士二人者自在關門開閉注關界上之門釋曰王畿千里王城在中面有五百里界首面置三關則亦十二關故云關界上門也

掌節上士二人中士四人府二人史四人胥二人徒二十人釋曰案其職云掌守邦節辯其用在此者以其節連於門市故亦連類在此注節猶信也行者所執之信釋曰案其職云邦國之使節山國虎節凡節者皆行道所用無節者不達有節乃得行故云行者所執之信

遂人中大夫二人

遂師下大夫四人上士八人中士十有六人旅下士三十有二人府四人史十有二人胥十有二人徒百有二十人

釋曰遂人主六遂如司徒主六鄉但官畢校一節司徒六命卿一人小司徒中大夫二人鄉師下大夫四人此遂人中大夫二人當小司徒處遂師下大夫四人當鄉師處但無六命卿一人以其六鄉爲正六遂爲副故尊卑不同以主事相似故上士已下其數與司徒同自此已下至旅師皆是地事故在此

注遂人主六遂若司徒之六鄉也六遂之地自遠郊以達于畿中有公邑家邑小都大都焉鄭司農云遂謂王國百里外

釋曰鄭知遂人主六遂若司徒之於六鄉者既名遂人下文承以遂大夫遂官

之等似若大司徒下即有鄉大夫鄉官之等故知遂人者
六遂若司徒之於六鄉也云六遂之地自遠郊以達于畿
者案其職云遂人掌邦之野下文以達于畿是其義也云
中有公邑家邑小都大都焉但六遂之地只在二百里內
亦有公邑故載師職云公邑之田任甸地其公邑自二百
里以出至五百里皆有焉家邑大夫采地在稍地三百里
小都卿之采地在縣地四百里大都三公王子弟在畺地
五百里故載師職云家邑任稍地小都任縣地大都任畺
地遂人雖專六遂以其言掌野郊外曰野大揔之言以言
達于畿故知兼掌此等焉鄭司農云遂謂王國百里外者
以其在二百里
中故知百里外

遂大夫每遂中大夫一人縣正每縣下大
夫一人鄙師每鄙上士一人酇長每酇中

士一人里宰每里下士一人鄰長五家則一

人釋自此遂大夫於六遂各主一遂以鄉大夫各主一鄉但遂大夫已下其官皆卑於鄉官命數皆減一等是以遂大夫每遂中大夫一人不使卿爲之差次至鄰長五家則一人者是不命之士爲之其鄉内比長亦五家一人彼使下士爲之注縣鄙酇里鄰遂之屬別也釋曰以其鄰長已上至縣正皆屬於遂大夫故言遂之屬別與上文州黨族閭比鄉之屬別相似

旅師中士四人下士八人府二人史四人胥

八人徒八十人釋曰六鄉之内所有賦稅閭師徵之閭師斂之此二百里以外至五百里其地廣故縣師徵之旅師斂之徵斂別官故官屬與胥徒多也注主斂縣師所徵野之賦穀者也旅猶處也六遂

之官里宰之師也正用里宰者亦斂民之稅宜督其親民釋曰案其職云掌聚野之鉏粟屋粟間粟言野故知主斂縣師所徵野之賦穀者也云旅猶處也六遂之官里宰之師也者里訓爲居旅者衆也衆之所處即與里義同故鄭云里宰之師也遂官之內縣鄙已下正用里宰爲徵斂之官名者亦是斂民之稅宜督其親民似若六鄉之中取閭名爲徵斂之官故鄭云亦謂亦閭師也

稍人下士四人史二人徒十有二人釋曰其官在此者其職云掌令丘乘之政令言丘乘即三等采地也故與縣師遂人等連類在此注主爲縣師令都鄙丘甸之政也距王城三百里曰稍家邑小都大都自稍以出焉釋曰云主爲縣師令都鄙丘甸之政也者案其職云若有會同師田行役之事則以縣師之法故云主爲縣師令都鄙丘甸之政也云距王城三百里曰稍者案載師家邑任稍地

在三百里內故知三百里曰稍云家邑小都大都自稍以出焉者以其家邑在三百里小都在四百里大都在五百里從三百里向外故言自稍以出

委人中士二人下士四人府二人史四人徒四十人注主斂甸稍芻薪之賦以共委積者也釋曰案其職云掌斂野之賦斂薪芻凡疏材木材凡畜聚之物故鄭云主斂甸稍薪芻之賦共遺人在道以供賓客故云以供委積者也亦與徵斂之官連類在此

土均上士二人中士四人下士八人府二人史四人胥四人徒四十人釋曰土均在此者案其職云掌平土地之政均地守均地事均地貢並是徵斂土地之事故在此宜也注均猶平也主平土地之政令者也釋曰案其職云掌平

土地以均地守故云均猶平也是主平土地之政令也

草人下士四人史二人徒十有二人注草除草釋曰草人在此者案其職云掌土化之法以物地相其宜而爲之種又云凡糞種騂剛用牛之等皆是土地之事故在此宜也案其職唯有糞種之文無殺草之事鄭云草除草者但糞種者殺草然後種之職雖不言殺草名爲草人明知除草故鄭云除草也

稻人上士二人中士四人下士八人府二人史四人胥十人徒百人釋曰在此者案其職云掌稼下地又云澤草所生種之芒種是土地之事故在此胥徒多者以其并遣營種稻田

土訓中士二人下士四人史二人徒八人釋曰在此者案其職云掌道地圖以詔地事亦是土地之事故在此注鄭司農云訓讀爲馴謂以遠方土地所生異物告道王也爾雅云訓道也玄謂能訓說土地善惡之勢釋曰司農云訓讀爲馴又引爾雅訓道也玄謂能訓說土地善惡之勢不從先鄭者案其職云道地圖道地慝道自是道說不得更訓以爲道故後鄭以爲訓說土地善惡

誦訓中士二人下士四人史二人徒八人釋曰在此者案其職云掌道方志以詔觀事以知地俗亦是土地之事故在此注能訓說四方所誦習及人所作爲久時事釋曰知能訓說四方所誦習事者其職云掌道方志謂所識四方久遠之事是其能訓說四方所誦習者也云及人所作爲久時事者案其職云以知地俗鄭注云博事也謂博知古事是其人所作爲久時事者也

山虞每大山中士四人下士八人府二人史四人胥八人徒八十人中山下士六人史二人胥六人徒六十人小山下士二人史一人徒二十人

釋曰山虞在此者案其職云掌山林之政令物爲之厲而爲之守禁山林亦是土地之事在此宜也

注虞度也度知山之大小及所生者　釋曰言度知山之大小者但山之大小里數雖曰無文據當時量度知其大小然後設官分職使掌之經文有中山鄭唯言大小者略言之耳云及所生者山中所出金玉錫石禽獸草木或有或無是也

林衡每大林麓下士十有二人史四人胥十有二人徒百有二十人中林麓如中山

之虞小林麓如小山之虞釋曰云大林麓下士十有二人者案上山虞中士四人下士八人相併亦十二人但山虞尊使中士爲官首下士爲之佐此林衡卑故下士自爲官首胥徒多於山虞者以其林麓在平地盜竊林木多者故須巡行者衆以是胥徒特多也中林麓如中山之虞小林麓如小山之虞胥徒不多者以其大林麓據特大者故胥徒特多中小已下自如尋常法故如山虞自此已下至澤虞皆是地事故在地官注衡平也平林麓之大小及所生者竹木生平地曰林山足曰麓釋曰云衡平也平林麓之大小者經有中林麓鄭不言者亦略言也云竹木生平地曰林者對山中之林自是山虞掌此別言林衡故知竹木生平地者云山足曰麓者亦雅文山足亦有林木與山虞別官

川衡每大川下士十有二人史四人胥十有

二人徒百有二十人中川下士六人史二人胥六人徒六十人小川下士二人史一人徒二十人釋曰川衡者平知川之遠近寬狹及物之所出官及胥徒多者以其川路長遠巡行勞役故也中川小川之等自若常法故差少注川流水也禹貢曰九川滌源釋曰言川流水也者對澤爲停水又引禹貢九川滌源者爲禹治洪水巳訖九州之川巳滌除泉源無壅塞矣引之者證川是流水

澤虞每大澤大藪中士四人下士八人府二人史四人胥八人徒八十人中澤中藪如中川之衡小澤小藪如小川之衡釋曰虞亦度也

度知澤之大小及物之所出用中士尊於川衡者以其澤
之所出物衆多胥徒少者以其巡行處近故也中澤小澤
已下皆如川衡 注 澤水所鍾也水希曰藪禹貢曰九澤既
者自是常法 疏 爾雅有八藪 釋曰澤水所鍾者鍾
聚也謂聚水於其中更無所注入案周語虞大子晉云山
土之聚澤水之鍾纂要亦云水所鍾曰澤故知澤水所鍾
也云水希曰藪者希乾也案鄭詩云叔在藪火烈具舉舉
藪中田獵明知無水又案爾雅藪在釋地之篇不入釋水
故知水希曰藪以其藪與澤地有水無水爲異故於經別
立官掌之案職方澤藪曰具區之類及毛傳云藪澤皆同
爲一者以其有水則爲澤無水則爲藪元是一物故同解
之引禹貢曰九澤既陂者亦謂禹治洪水既訖九州之澤
既已陂障無決溢矣引爾雅有八藪者禹貢九澤通畿内
一州則有九爾雅云八藪除畿内一州而言引此一文者
證藪澤有異案爾雅釋有十者以其周秦同在雍州秦有
楊紆周有焦穫一州有二故十又爾雅秦有楊陓職方具

州有楊紆蓋異所而同名也

迹人中士四人下士八人史二人徒四十人

注迹之言跡知禽獸處　釋曰案其職云掌邦田之政亦是地事故在此

丱人中士二人下士四人府二人史二人疋月

四人徒四十人　注丱之言礦也金玉未成器曰礦　釋曰經所云丱是摠角之丱字此官取金玉於丱字無所用故轉從石邊廣以其金玉出於石左形右聲從礦字也云金玉未成器曰礦以其此官不造器物直取金錫玉石以供冬官百工故言金玉未成器曰礦金玉之等出於地故在此也

角人下士二人府一人徒八人　釋曰案其職掌以時徵齒角凡骨物

於山澤之農以其是徵斂之官故亦在此

羽人下士二人府一人徒八人釋曰案其職云掌以時徵羽翮之政于山澤之農亦是徵斂之官故在此

掌葛下士二人府一人史一人胥二人徒二十人釋曰案其職云掌以時徵絺綌之材于山農亦是徵斂之事故在此

掌染草下士二人府一人史二人徒八人注染草藍蒨象斗之屬釋曰案其職掌以春秋斂染草之物亦徵斂之官故在此藍以染青蒨以染赤象斗染黑案其職注云染草茅蒐橐蘆豕首紫茢之屬二注不同者染草既多言不可盡故互見略言耳

掌炭下士二人史二人徒二十人釋曰案其職掌灰物炭物之徵令以時入之以其徵斂之官故亦在此

掌荼下士二人府一人史一人徒二十人注荼茅莠釋曰案其職云掌以時聚荼以共喪事徵野疏材以其徵斂之官故亦在此

掌蜃下士二人府一人史一人徒八人注蜃大蛤月令孟冬雉入大水為蜃釋曰案其職云掌斂互物蜃物以共闉壙之蜃亦徵斂之官故在此言蜃大蛤者對雀入水化為蛤者為小蛤引月令雉入大水為蜃者案國語大水淮也

囿人中士四人下士八人府二人胥八人徒

八十人釋曰案其職云掌囿游之獸禁囿是地之用故在此注囿今之苑釋曰此據漢法以況古古謂之囿漢家謂之苑

場人每場下士二人府一人史一人徒二十人釋曰言每場者以其九穀别場故言每以殊之場亦地之用故在此注場築地爲墠季秋除圃中爲之詩云九月築場圃十月納禾稼釋曰除地曰墠築堅始得爲場故云場築地爲墠也云季秋除圃中爲之者以其春夏爲圃以種采蔬至季秋始爲場引詩曰九月築場圃十月納禾稼者此七月詩引之證圃中爲場之意

廩人下大夫二人上士四人中士八人下士十有六人府八人史十有六人胥三十人徒

三百人釋曰此官使下大夫爲官首徒三百人又多者以其米廩事重出納又多故也故其職云掌九穀之數以其米穀地之所長成故在此

注藏米曰廩廩人舍人倉人司禄官之長

釋曰藏米曰廩者對下倉人藏穀曰倉云廩人舍人倉人司禄官之長者以其舍人已下同掌米穀之事皆以士爲之故廩人下大夫與之爲長

舍人上士二人中士四人府二人史四人胥四人徒四十人釋曰在此者案其職云掌平宮中之政分其財守以法掌其出入謂平宮中米穀多少故與廩人倉人連類在此

注舍猶宮也主平宮中用穀者也

釋曰鄭訓舍爲宮者案其職云掌平宮中之政故就職内云平宮中用穀解之

倉人中士四人下士八人府二人史四人胥四人徒四十人釋曰倉人在此者案其職云掌粟入之藏如廩人米粟地之所成故也

司禄中士四人下士八人府二人史四人徒四十人注主班禄釋曰在此者其職旣闕未知所掌云何但班禄者用粟與之司禄職次倉人明是班多少之官故鄭云主班禄也故與倉人連類在此

司稼下士八人史四人徒四十人注種穀曰稼如嫁女以有所生釋曰云種穀曰稼者對收斂曰穡也在此者其職云巡野觀稼出斂法亦是徵斂地事故連類在此

舂人奄二人女舂抭二人奚五人釋曰有奄者以其與女奴同處故也在此者與倉人廩人饎人連事故亦連類在此其職云掌祭祀賓客牢禮之米所共多矣而舂人少者蓋舉其能者亦應兼女舂抭女奴能舂與抭者抭抒臼也有別奚於其中矣注詩云或舂或抭釋曰引詩或舂或

抌者彼生民詩引之
證經舂抌之事也

饎人奄二人女饎八人奚四十人 注鄭司農云饎人主炊官
也特牲饋食禮曰主婦視饎爨故書饎作饌 釋曰在
此者其職云凡祭祀共盛共王及后之六食凡賓客共
其簠簋不在天官而在此者以其
因舂人又因地道之成故在此

槀人奄八人女槀每奄二人奚五人 釋曰案其職云
掌共外內朝宂食者之食所共處多故 注鄭司農云槀讀
有奄八人女槀每奄二人奚五人也 爲犒師之犒主
宂食者故謂之犒 釋曰案左氏春秋僖三十三年秦人
將襲鄭鄭商人弦高將市於周遇之以乘韋先牛十二犒
犒秦師遂詐之云鄭使我犒勞軍師引之者以在朝之人
不得歸家亦枯槁以須犒勞之故名其官爲犒人亦同[illegible]

人連類
在此

大司徒之職掌建邦之土地之圖與其人民之數以佐王安擾邦國釋曰司徒既欲佐王安擾邦國故先須知土地之圖人民之數注土地之圖若今司空郡國輿地圖漢蕭何收秦圖籍以知天下阸塞廣遠釋曰案至後漢乃有司空郡國地圖輿者車輿其前升曲地形不可正方故云輿地圖也案職方亦云掌天下之圖注直云如今司空輿地圖不云郡國者彼以司馬主九畿并夷狄而言故不得云郡國此經云主人民之數則唯據九州之中郡國在九州之內故此注云郡國也以天下土地之圖周知九州之地域廣輪之數辨其山林川澤丘陵墳衍

原隰之名物 釋曰上經云土地圖爲人民之數而言之此經云土地圖據十等土地而說也故云周知九州之地域廣輪之數馬融云東西爲廣南北爲輪案王制南北兩近一遥東西兩遥一近是南北長東西短謂知此數也又辯其山林川澤以下十等形狀名號及所出之物也 注 周猶徧也九州揚荆豫青兗雍幽冀并也輪從也積石曰山竹木曰林注瀆曰川水鍾曰澤土高曰丘大阜曰陵水崖曰墳下平曰衍高平曰原下濕曰隰名物者十等之名與所生之物 釋曰九州揚荆以下據職方周之九州而言故有幽并無徐梁禹貢據夏以前九州故有徐梁無幽并也云輪從也者據南北義與馬同不釋廣者東西可知云積石曰山者案詩云節彼南山維石巖巖鄭云巖巖積石貌鄭據此而言案爾雅山丘別釋則丘是純土其山皆石亦有兼土者故曰石戴土謂之崔嵬又周語云夫山土之聚是其山有土也云竹木曰林者謂生平地以其山林川澤別官故知竹木生平地曰

林云注瀆曰川者案釋水云注川曰谿注谿曰谷注谷曰溝注溝曰澮注澮曰瀆彼注云皆以小注大大小異名言注澮曰瀆者謂以澮中水注入瀆中使有所去此云注瀆曰川者爾雅無此言鄭以義增之耳謂以瀆中水注入川案職方九州皆有川故知從瀆入川此瀆與四瀆義異四瀆則亦川故職方云其川三江其川江漢也云水鍾曰澤者周語虞大子晉之言也云土高曰丘者爾雅山丘別釋則丘無石者也云大阜曰陵者案爾雅釋地云高平曰陸大陸曰阜大阜曰陵大陵曰阿可食者曰原是陵與丘高下異稱皆無石者也其有石者亦曰陵故左氏僖三十二年云殽有二陵南陵夏后臯之墓也其北陵文王之所避風雨是有石者也云水崖曰墳者案爾雅云重崖岸墳大防是墳爲崖岸之峻者故知水崖曰墳故詩云遵彼汝墳是汝水之大防亦是水崖曰墳也云下平曰衍者此十地皆兩兩相對爲名墳既水崖而高明衍爲下平此下平又與下濕曰隰者別也云高平曰原者案爾雅云廣平曰原

高平曰陸不云高平曰原此言高平曰原者對下濕曰隰而言其實高平即廣平者也爾雅高平曰陸者據山傍平者故下云可食者曰原也云下濕曰隰者爾雅釋地文若禹貢云大陸既作注大陸地者爾雅釋地八藪晉有大陸彼是藪澤之地稱與高平曰陸者别也云十等之名者山林以下十等名異也云與所生之物者即下文土會之法以下是也

而辨其邦國都鄙之數制其畿疆

而溝封之設其社稷之壝而樹之田主各以其野之所宜木遂以名其社與其野

釋曰云辨其邦國者謂分别畿外諸侯邦國多少之數謂若王制云畿外八州州二百一十國也云辨其都鄙之數者謂分别畿内三等采地之數謂若王制畿内九十三國也云制其畿疆者王畿内千里中置王城面有五百里其邦國

都鄙亦皆有畿界也云而溝封之者謂於疆界之上設溝
溝爲封樹以爲阻固也云設其社稷之壝者謂於中門之
外右邊設大社大稷王社王稷又於廟門之屏設勝國之
社稷其社稷外皆有壝埒於四面也云而樹之田主者謂
藉田之內依樹木而爲田主云各以其野之所宜木者王
之田主唯一而已不得云各今云各者摠據邦國都鄙并
王者而言也云遂以名其社與其野者謂假 注 千里曰
令以松爲社則名松社之野餘皆放此也 畿疆猶
界也春秋傳曰吾子疆理天下溝穿地爲阻固也封起土
界也社稷后土及田正之神壝壇與埒也田主田神后
土田正之所依也詩人謂之田祖所宜木謂若松栢栗也
若以松爲社者則名松社之野以別方面 釋曰云千里
曰畿者職方文云春秋傳曰吾子疆理天下者案左氏傳
成二年鞌之戰齊侯使國佐賂晉師晉人不許曰使齊之
封內盡東其畝國佐對云先王疆理天下物土之宜故詩
云我疆我理南東其畝今吾子疆理諸侯彼云先王疆理

天下又云吾子疆理諸侯此云吾子疆理天下不同者鄭
以義言之非傳之正文也云溝穿地爲阻固也者謂穿地
爲深溝即是阻固也云封起土界也者穿溝出土於岸即
皆爲封封即起土界也云社稷后土及田正之神者鄭義
依孝經緯社者五土之摠神以句龍生時爲后土官有功
於土死配社而食稷是原隰之神宜五穀五穀不可遍舉
稷者五穀之長立稷以表神名故號稷棄爲堯時稷官立
稼穡之事有功於民死乃配稷而食名爲田正也故云社
稷后土及田正之神雙言之耳云壝壇與埒也者經直
云壝壝即埒埒不云壇以壝在壇之四面爲之明中有壇
可知故鄭兼云壇也案禮記郊特牲云君南面於北墉下
鄭注云北墉社內北牆彼社雖無室壇外四面有壁壁外
乃有壝耳若然封人云詔王之社壝者彼官卑主設之此
大司徒尊官直主其制度而已云田主田神后土田正之
所依也者此田主當在籍田之中依樹木而爲之故云各
以其野所宜木云田主田神者謂郊特牲云先嗇與神農

一也若然鄭意以田主爲神農則無后土及田正之神直以神農爲主祭尊可以及卑故使后土田正二神憑依之同壇共位耳田正則郊特牲所云司嗇一也又引詩人謂之田祖者詩云以御田祖毛云田祖先嗇篇章亦云凡國祈年于田祖鄭云田祖始耕田者謂神農也引之者證田主是神農也云所宜木謂若松柏栗也者是論語哀公問社於宰我對云夏后氏以松殷人以柏周人以栗彼三代所都異處所宜之木不同夏居平陽宜松殷居亳宜柏周居鎬京宜栗此經雖據周一代而言其邦國都鄙異處所宜之木亦復不同故云若松柏栗也云若以松爲社者則名松社之野者此取松爲社假設而言耳云以別方面者但四方宜木面各不同或一方宜松則以松爲社以別餘之方面耳

以土會之灋辨五地之物生一曰山林其動物宜毛物其植物宜皁物其民毛

而方二曰川澤其動物宜鱗物其植物
宜膏物其民黑而津三曰丘陵其動物
宜羽物其植物宜覈物其民專而長四
曰墳衍其動物宜介物其植物宜莢物
其民皙而瘠五曰原隰其動物宜贏物
其植物宜叢物其民豐肉而庳釋曰云會計也以土會

地計會所出貢稅之法貢稅出於五地故須說五地所生不同也故云以土會之法也云辨五地之物生者但天之所覆地之所載地有五等所生無過動植及民耳故云辨五地之物生上經云十等此云五地不同者上經細別而

言則七等以類相并而言故五等其實一也一曰山林者此五地以高下相對故一曰山林山林高之極者二曰川澤川澤下之極者故以爲對也又五地之內以民之資生取於動植之物故先言動植後言民也山林之中其動物宜毛物其植物宜皁物其民毛而方此五地人物之等皆方以類聚物以羣分及民之所生皆因地氣所感不同故使形類有異也

注會計也以土計貢稅之法因別此五者也毛物貂狐貒貉之屬縟毛者也鱗物魚龍之屬律潤也羽物翟雉之屬核物李梅之屬專園也介物龜鼈之屬水居陸生者莢物薺莢王棘之屬晳白也瘠臞也贏物虎豹貔貅之屬淺毛者叢物雈葦之屬豐猶厚也庳猶短也杜子春讀生爲性鄭司農云植物根生之屬皁物柞栗之屬今世間謂柞實爲皁斗膏物謂楊柳之屬理致且白知膏玄謂膏當爲櫜字之誤也蓮芡之實有櫜韜

釋曰案宰夫職云歲計曰會故云會計也鄭知以土計貢稅之法者以五地中而云會計者唯有貢稅之法故鄭云以

土計貢稅之法因別此五者也云毛物貂狐貒貉之屬者依爾雅而言耳案爾雅云貍狐貒貈同文此云貂狐不言貍者鄭君所讀爾雅者爲貂不爲貍也言之屬者山林之中毛者甚衆故以之屬揔之也言緟毛者謂毛之細緟者也云鱗物魚龍之屬者案月令春云其蟲鱗鄭云蛇不言魚者有足曰蟲無足曰豸經云其蟲鱗魚無足故不言魚其實魚入鱗內可知也此經云川澤宜鱗物鱗物以魚爲主有魚龍有蛇可知故不言蛇也云津潤也者以其民居澤近水故有津潤但入水見日則黑故民黑津也云羽物翟雉之屬者案禹貢徐州貢羽畎夏翟則翟雉也以雉乃羽中之貴物故丘陵所宜羽物者是翟雉也云核物李梅之屬者鄭以丘陵阪險宜棗杏及李梅等目驗可知故云李梅之屬中有棗杏也云專圜也者此丘陵地氣使之然也云介物龜鼈之屬水居陸生者此陸生謂陸地生子及生訖即入水而居故云水居陸生也五行傳云貌之不恭則有龜孽注云龜蟲之生於水者亦謂生居在水中非謂

初生在水彼生與此鄭云陸生之生義異也又云莢物薺
莢王棘之屬者薺莢即今人謂之皁莢蓋誤云早當言薺
也王棘即士喪禮云王棘若擇棘者是也棘雖無莢蓋樹
之枝葉與薺莢相類故并言之也云皙白也者此民居於
墳衍地氣宜白又見詩云揚且之皙皙爲白可知也云瘠
臞也者案爾雅釋言云臞脙瘠也注云齊人謂瘠瘦爲脙
則臞爲瘦小之貌故鄭云瘠也云贏物虎豹貔貙之屬者
考工記梓人職說大獸而云厚脣弇口出目短耳大胷燿
後若是者謂之贏屬又爾雅有虎有豹故知贏物有虎豹
也但爾雅及諸經不見有貙曲禮云載貔貅此鄭云貔貙
貙即貅也云淺毛者若以淺毛言之則入贏蟲中故月令
中央土其蟲贏鄭云虎豹之屬恒淺毛若據有毛言之即
爲毛蟲故白虎入西方毛蟲之長也云叢物萑葦之屬者
詩云萑葦淠淠是二者各以類聚也杜子春讀生爲性性
亦訓爲生義既不殊故後鄭不破之也鄭司農云植物根
生之屬先鄭對動非植生爲號也皁物柞栗之屬者柞實

之皮得染皁故引今世猶謂柞實爲皁斗爲證其栗雖不得染皁其皮亦皁斗之類故與柞同爲皁物也云膏物謂楊柳之屬理致且白如膏者先鄭以物色上解之後鄭不從者以其上下云植物者皆不以色上爲名先鄭獨此一者取義於色故後鄭易之玄謂膏當爲櫜櫜者經云膏是脂膏之膏於殖物義無所取直是字誤故破從櫜也云蓮芡之實有櫜韜者以其是川澤所生故知是蓮芡之實皆有外皮櫜韜其實者也案大司樂一變而致川澤之示先言川澤後云山林者彼取神之易致爲先故先言川澤此取尊卑高下相對故先言山林也又彼云五變而致土示注云土祇原隰及平地此中不見平地者亦原隰中可以兼之也

因此五物者民之常而施十有二教焉一曰以祀禮教敬則民不苟二曰以陽禮教讓則民不爭三曰以陰

禮教親則民不怨四曰以樂禮教和則民不乖五曰以儀辨等則民不越六曰以俗教安則民不愉七曰以刑教中則民不虣八曰以誓教恤則民不怠九曰以度教節則民知足十曰以世事教能則民不失職十有一曰以賢制爵則民慎德十有二曰以庸制禄則民興功 釋曰上經云五地之物生動植及民生處不同是其常法今此十二教亦因民之所常生之處施之故云因此五物者之常而施十二教也云一曰以祀禮教敬則民不苟者凡祭祀者所以追養繼孝

事死如事生但人於死者不見其形多有致慢故禮云祭極敬也是以一曰以祀禮教敬死者尚敬則生事其親不苟且也　二曰以陽禮教讓則民不爭者謂鄉飲酒之禮酒入人身散隨支體與陽主分散相似故號鄉射飲酒為陽禮也鄉飲酒即黨正飲酒之類是也黨正飲酒之時五十者堂下六十者堂上皆以齒讓為禮則無爭故云以陽禮教讓則民不爭也　三曰以陰禮教親則民不怨者以陰禮謂昏姻之禮不可顯露故曰陰禮也男女本是異姓冕而親迎親之也親之也者親之也使之親己是昏禮相親之義昏姻及時則男女無有怨曠故云以陰禮教親則民不怨也　四曰以樂禮教和則民不乖者自一曰至三曰已上皆有揖讓周旋升降之禮此樂亦云禮者謂饗燕作樂之時舞人周旋皆合禮節故樂亦云禮也　凡人乖離皆由不相和合樂主和同民心故民不乖也　五曰以儀辨等則民不越者儀謂以卑事尊上下之儀有度以辨貴賤之等故云以儀辨等也民知上下之節不敢踰越故云

則民不越也　六日以俗教安則民不偷者俗謂人之生處習學不同若變其舊俗則民不安而爲苟且若依其舊俗化之則民安其業不爲苟且故云以俗教安則民不偷偷苟且也　七日以刑教中則民不虣者刑者禁民虣亂今用刑得所民得中正不爲虣亂故云以刑教中則民不虣也　八日以誓教恤則民不怠者民有厄喪教之使相憂恤則民不懈怠也　九日以度教節則民知足者度謂衣服宫室之等尊卑不同以此法度教之使知節數民知禮節自知以少爲足故云則民知足也　十日以世事教能則民不失職者父祖所爲之業子孫述而行之不失本職故云以世事教能則民不失職也　十有一曰以賢制爵則民慎德者人有賢行制與之爵民皆謹慎矜矜於善德以求榮寵故云以賢制爵則民慎德也　十有二曰以庸制禄則民興功者庸功也人有功則制禄與之民皆興其功業故云則民興功也此十二教以重急者爲先輕緩者爲後

注　陽禮謂鄉射飲酒之禮也陰禮謂男女之

禮昏姻以時則男不曠女不怨儀謂君南面臣北面父坐
子伏之屬俗謂土地所生習也愉謂朝不謀夕恤謂災危
相憂民有凶患憂之則民不解怠度謂宮室車服之制世
事謂士農工商之事少而習焉其心安焉因教以能不易
其業慎德謂矜其善德勸爲善也庸功也爵以顯賢祿以
賞功故書儀或爲義杜子春讀爲儀謂九儀　釋曰云陽
禮謂鄉射飲酒之禮者以是陽禮而云教讓其鄉射是州
長射禮鄉飲酒是黨正飲酒皆有正齒位飲酒爲敬讓之
事故知陽禮是二事若然鄉中有鄉射鄉飲酒以其州長
黨正皆屬於鄉大夫或鄉大夫所居州黨故雖州長射黨
正飲酒亦號曰鄉也云陰禮謂男女之禮者以其言陰又
云不怨故知是男女昏姻之禮也云昏姻以時則男不曠
女不怨者此約雄雉詩序云軍旅數起大夫久役男女怨
曠注云國人久處軍役之事故男多曠女多怨也男曠而
若其事女怨而望其君子此經直云不怨據女而言文不
具顯故鄭兼言曠也若然彼詩據舊成夫婦此文據配合

得時時雖不同若失時怨曠不異故引爲證也云儀謂君
南面臣北面父坐子伏之屬者案易乾鑿度云不易也者
其位天在上地在下君南面臣北面父坐子伏此其不易
也鄭依此言其不易也仍有天地不易不言故云之屬以
兼之也云俗謂土地所生習也者謂若下曲禮云君子行
禮不求變俗居喪之禮哭泣之位皆如其國之故而審行
之是其故俗所習也云偷謂朝不謀夕者案春秋左氏襄
公三十一年穆叔至自會見孟孝伯語之曰趙孟將死矣
其語偷又孝伯曰人生幾何誰能無偷朝不及夕將焉用
樹穆叔出而告人曰孟孫將死矣吾語諸趙孟之偷也而
又甚焉昭元年天王使劉定公勞趙孟於潁館於洛汭劉
子曰美哉禹功明德遠矣微禹吾其爲魚乎吾與子弁冕
端委以治民臨諸侯禹之力也子盍遠續禹功而大庇民
乎對曰老夫罪戾是懼焉能恤遠吾儕偷食朝不謀夕何
其長也劉子歸以語王曰諺所謂老將智而耄及之者以
此而言之鄭似依昭元年傳也云恤謂災危相憂民有凶

患憂之則不解怠者災危凶憂謂若遭水旱之災歲凶年穀不登有無相濟是其相憂令不解怠也云度謂宮室車服之制者謂若典命云上公九命国家宮室車旗衣服礼儀及侯伯子男已下各依命數是其制度也云世事謂士農工商之事少而習焉其心安焉因教以能不易其業者案齊語云桓公曰成民之事若何管子曰四民者勿使雜處雜處則乱昔聖王處工就閑燕處士就官府處商就市井處農就田野又云士之子恒為士工之子恒為工商之子恒為商農之子恒為農少而習焉其心安焉是世事也又云慎德謂矜其善德勸為善者民能矜矜然求其善德以相勸為善也云庸功也者此經云以庸制禄司士云以功詔禄庸即功其理同也云故書儀或為義杜子春讀為儀者不從故書讀從大宗伯九儀一命至九命作伯也

以土宜之法辨十有二土之名物以相民宅而知其利害以阜人

民以蕃鳥獸以毓草木以任土事釋曰云以土宜之法
辨十有二土之名物者十二土各有所宜不同所出之物
及名皆異故云以土宜之法辨十有二土之名物也云以
相民宅者謂既知十二土之所宜以相視民居使之得所
也云而知其利害者十二土之中利處居之害處遠之以
阜盛人民以蕃息鳥獸以毓生草木者皆由知利害
使之然也云以任土事者辨十有二土任人性居之**注**十二
土分野十二邦上繫十二次各有所宜也相占視也阜猶
盛也蕃蕃息也育生也任謂就地所生因民所能釋曰
十二土分野十二邦上繫十二次各有所宜也者案保章
氏以星土辨九州之地注云星土星所主土也又云大界
則曰九州州中諸國之封域於星亦有分焉其書亡矣堪
輿雖有郡國所入度非古數也今其存可言者十二次之
分也星紀吳越也玄枵齊也娵訾衛也降婁魯也大梁趙
也實沈晉也鶉首秦也鶉火周也鶉尾楚也壽星鄭也大

火宋也析木燕也如是天有十二次日月之所躔地有十
二土王公之所國又周語伶州鳩云昔武王伐商歲在鶉
火又云歲之所在則我之分野故知分野十二邦上繫十
二次各有所宜也若然唐虞及夏萬國殷周千七百七十
三國皆依附十二邦以繫十二次若吴越同次之類也凡
繫星之法皆因王者所命屬焉故昭元年左傳云晉侯有
疾鄭公孫僑如晉聘且問疾叔向問焉曰寡君之疾病卜
人曰實沈臺駘爲祟史莫之知敢問此何神也子産曰昔
高辛氏有二子伯曰閼伯季曰實沈居於曠林不相能也
日尋干戈以相征討后帝不臧遷閼伯於商丘主辰商人
是因故辰爲商星遷實沈於大夏主參唐人是因以服事
夏商又云及成王滅唐而封大叔焉故參爲晉星又襄九
年晉士弱云陶唐氏之火正閼伯居商丘祀大火相土因
之故商主大火是皆先王命祀之法也案元命包云國君
王者封上應列星之位注云若角亢爲鄭房心爲宋此其
餘小國不中星者以爲附庸若然附庸不繫星其餘皆繫

星也又云任謂就地所生因民所能者地之所生出物不同民之所資事業有異謂若居山者利其金玉錫石禽獸材木居澤者利其魚鹽居陸者利其田蠶是其任謂就地所生因民所能而居之也

辨十有二壤之物而知其種以教稼穡樹蓺

釋曰此十二壤即上十二土上經論居人物之事此經辨其種殖所宜故變其文云辨十二壤之物者分別物之所生而知其所殖之種遂即以教民春稼秋穡以樹其木以蓺其黍稷也

注 壤亦土也變言耳以萬物自生焉則言上土猶吐也以人所耕而樹蓺焉則言壤壤和緩之貌詩云樹之榛栗又曰我蓺黍稷蓺猶蒔也

釋曰上經既欲居民不必皆須樹蓺故云土取萬物自生為名此經據樹蓺而言故變云壤取和緩為義故鄭云變言耳詩云樹之榛栗是定之方中詩引之證經樹是殖木又曰我蓺黍稷是楚茨之詩引之證經蓺是黍稷也

以土均之

遂辨五物九等制天下之地征以作民職以令地貢以斂財賦以均齊天下之政 釋曰以土均之法辨五物者即上山林川澤之等是也云九等者據五地之内分爲九等之地騂剛赤緹之屬糞種所宜不同也云制天下之地征者言天下則并畿外邦國所稅入天子而言也此地征與下爲目也以作民職者民有職業乃可稅之云以令地貢者地貢即九職之稅也云以斂財賦者斂財即大宰九賦斂財賄一也旣言財又別言賦者欲見財旣爲九賦斂財賦中又兼有軍賦故財賦殊言之云以均齊天下之政者大司徒以法均齊之天下皆使依法故云均齊天下之政也

注 均平也五物五地之物也九等騂剛赤緹之屬征稅也民職民九職也地貢貢地所生謂九穀財謂泉穀賦謂九賦及軍賦 釋曰九等知是騂剛之屬者但地或云十等或云五地或云十二土

皆無云九等者案草人職云騂剛赤緹之屬有九等皆是地勢所宜糞種之法故鄭以騂剛赤緹之屬解之云地貢貢地所生謂九穀者案大宰以九職任萬民即云一曰三農生九穀此經云以作民職爲九職即云令地貢明貢是九穀可知云財謂泉穀者案大宰云以九賦斂財賄彼注亦云財泉穀則以泉穀當賦泉之數也云賦謂九賦及軍賦者以經云財賦不得爲一事解之今鄭以賦爲軍賦者則賦中兼軍賦謂甲士三人步卒七十二人之等

周禮疏卷第九